德 鲁 克
管理哲学

80
WORDS
成就
美好人生

[日] 桑原晃弥 著

杨雅虹 译

人民东方出版传媒
People's Oriental Publishing & Media
东方出版社
The Oriental Press

图书在版编目（CIP）数据

德鲁克管理哲学 /（日）桑原晃弥 著；杨雅虹 译 . —— 北京：东方出版社，2024.1
ISBN 978-7-5207-3469-1

Ⅰ . ①德… Ⅱ . ①桑… ②杨… Ⅲ . ①德鲁克（Drucker, Peter Ferdinand 1909–2005）—管理学—研究 Ⅳ . ① C93–097.12

中国国家版本馆 CIP 数据核字（2023）第 101971 号

本书中文简体字版权由汉和国际（香港）有限公司代理
中文简体字版专有权属东方出版社
著作权合同登记号 图字：01-2023-2409号

德鲁克管理哲学
（DELUKE GUANLI ZHEXUE）

作　　者：[日]桑原晃弥
译　　者：杨雅虹
责任编辑：贺　方
出　　版：东方出版社
发　　行：人民东方出版传媒有限公司
地　　址：北京市东城区朝阳门内大街 166 号
邮　　编：100010
印　　刷：嘉业印刷（天津）有限公司
版　　次：2024 年 1 月第 1 版
印　　次：2024 年 1 月第 1 次印刷
印　　数：1—5000 册
开　　本：787 毫米 × 1092 毫米　1/32
印　　张：6.25
字　　数：105 千字
书　　号：ISBN 978-7-5207-3469-1
定　　价：54.00 元
发行电话：（010）85924663　85924644　85924641

序言
人必须保持学习，不断改变

　　彼得·德鲁克可以说是最受日本管理者喜爱的管理顾问之一。当然，他作为世界上时薪最高的人物也是享誉全球。他的许多著作都成了全球畅销书。在日本也不乏喜爱阅读德鲁克著作的管理者，其中也有很多人说过"我从刚入公司时就开始读德鲁克的书，并按照书中的教导去做"。可见德鲁克是一位非常受人尊敬的人物。

　　也有一些人是通过 2009 年出版并被改编为同名电影的《如果高中棒球部经理读过德鲁克的"管理学"》（钻石社）而知道了德鲁克的名字，并开始阅读他的诸多著作。确实，像德鲁克一样被普通大众所熟知的管理顾问恐怕寥寥无几。

　　可以说德鲁克是管理学的发明者。除此之外，他更加引人注目的能力是，通过观察当今社会的生态，能够准确地预测五年后，甚至十年后的未来。

所谓未来，并非突然出现在眼前的，而是在发生显著变化之前总会出现一些征兆，或者就像本书中提及的出生率一样，"某件事确定会在未来发生"。

然而，人类总是怕麻烦，尽管对于眼前的紧急课题能够采取应对措施，但是对于存在于未来的紧急课题却抱着"还早着呢"的想法而拖延。大部分人都是事到临头才开始慌忙应对，但是也有一些人能够放眼未来，不断采取切实的行动，从而取得巨大的成果。

德鲁克正是这种能够预测未来、思考企业形态的人，同时他还为在企业等组织中工作的人们提出了各种各样的建议。

在这些建议中，我们备感熟悉的一条就是"知识工作者的寿命比雇用他的组织更长"，意思是"人们工作的时间有50年之久，在这漫长的期间内必须保持年轻的心态，有活力地工作"，这是在20世纪90年代德鲁克给人们的建议。

确实在"人生100年的时代"，人们会追求与之前不同的生活方式。在以前的时代，大多数人从学校步入社会，工作到退休后才会思考如何度过第二人生。而现在则变成了，在进入社会经历了几份工作后就会度过"余生"。同时等待人们的还是伴随着 AI 显著发展的这一谁都不曾经历过的时代。

那么，我们应该如何度过这种从未经历过的时代呢？德鲁克认为要依靠"持续的学习"和"不断的改变"。在变化激烈的时代，无论多么优秀的人才，如果疏于这两点，就会在某个时间变成一个"平庸的凡人"，一个被别人感慨"曾经明明很优秀"的人。

其实德鲁克也并非从一开始就很优秀。进入大学后厌倦了学习的德鲁克一边上大学，一边当学徒，还利用晚上时间买廉价门票看歌剧。但是，从某个时期开始，他突然要求自己"追求完美地活着"。于是通过①集中精力学习一件事；②定期反省过去的工作。这两点的坚持，他在不久之后便成长为世界知名顾问。

正因为有过这样的经历，德鲁克才不断强调"人必须保持学习，不断改变"。虽然没有人能够准确地预测未来，但是通过保持学习，努力寻求改变，人们就能够避免被变化的洪流冲走，并且能够在变化中游到最后。

本书记载了德鲁克的诸多箴言。其中既有许多面向管理者的忠告，也有许多能让人感觉"就是在说我"的话语。如果阅读了本书您能够感受到"这句话说得真好"，那么请一定亲自付诸实践。本书一定可以让您找到"对自己有益的德鲁克",也能够收获丰富的人生建议。

若本书能够对大家开创未来有所助力,本人便已荣幸之至。

在执笔本书之际,我得到了自由出版社(出版公司)的伊藤光惠女士、山田吉之先生和仲野进先生的大力支持,在此致以衷心感谢。

桑原晃弥

目录

第一章　在工作中取得成果

目录

第二章 发挥自己的才能，取得成果

第三章 发挥人的才能

第四章　不畏变化，使之成为机会

第五章　坚持学习

目录

第八章 给领导者的建议

第一章

WORDS OF
PETER DRUCKER

在工作中取得成果

WORDS
OF
PETER
DRUCKER

01

不可弄错先后顺序

为逃避更重要的工作，
我们常在无聊的工作上浪费时间。

从工作内容的"重要度"和"紧急度"来区分，就很容易判断工作的先后顺序。

　　比如，一周后就要进行的新商品演示属于重要度和紧急度都很高的工作。虽然是"现在应该马上做的工作"，但是距离截止日期还有一段时间，就说明这个工作的重要度高但紧急度低。而每天都要提交的日报就是重要度不高但紧急度很高的工作。整理堆积的资料则属于重要度和紧急度都低的工作。

　　这样区分过后，"应该从何处着手"就一目了然了。但是德鲁克认为，对于既重要又紧急"应该现在马上做"的工作，人们不知为何总是有因为"看起来很难""很麻烦"等而拖延的坏习惯。结果就会把时间用在并不重要的文案工作上，等到要做重要的工作时却发现时间不够了。这种情况经常发生。

　　所以，重要的是，在确定好工作的先后顺序后要"立即着手行动"。应该做的工作绝不可往后推，能够从"在无聊的工作上打发时间"这种诱惑中逃离，对于取得成果来说也是十分重要的事。

警惕 "会议过多症"

在组织中会议有可能成为逃避工作的手段。

关于"会议"，德鲁克曾经作过一些十分犀利的阐述。比如"人要工作还是要开会""会议不是谈心，必须把会议变成工作"以及"在某个组织中，会议成了逃避工作的手段"等。

对于这些阐述，应该有很多人点头称是。但是在现实中，也有喜欢开无聊会议的人，或者误以为参加会议才是重要工作的人。现实中不乏做不出任何决定、拿不出任何成果的会议。

过多的会议只会剥夺组织和个人的时间，反而使工作效率降低。德鲁克认为如果超过 25% 的工作时间浪费在会议上，就属于"会议过多症"。一旦发现有这样的情况，最好立即着手整改。比如，采取"站着开会"的方式举行会议。如果有需要解决的课题，就把现场能够集合的人召集在一起商量一下。或者领导有意识地让参会者每人发言一次，会议结束后总结内容，决定好"在什么时间之前由谁完成什么工作"并将会议纪要交给相应的人员，这也是一个方法。谨记开会不是"原则"而是"例外"，这才是我们所希望的。

计划是必要的，但不要被计划束缚

如果没有计划，就只能一切听天由命。

在计划实施的过程中如果疏于检查确认，

就无法分辨有意义和无意义的事。

"成为计划的奴隶是一种非常愚蠢的做法"，这是亚马逊的创始人杰夫·贝佐斯的名言。在互联网这一变化激烈的世界中做生意，总会有许多在计划之初意想不到的情况发生。如果无视这一事实，执着于"既然制订了计划就要彻底执行"，就容易错失难得的机会，从而在竞争中落败。若要使事业不断成长扩大，就"不可成为计划的奴隶"，这是贝佐斯遵守的铁则。

那么，是不是说就不需要计划了呢？事实并非如此。在创业之前，贝佐斯就曾制订了非常缜密的计划。事实上，制订计划也是梳理问题、使成功之路更加明确的过程。"制订计划并灵活地随机应变"才是通向成功的规则。

德鲁克比贝佐斯早几十年提出了这一原则，并且这一原则也依然适用于今天的我们。

缜密的计划能够帮助人们获得一个良好的开端，但是计划同时也伴随着各种预料之外的情况。成功的关键就在于当预料之外的情况发生时是否能够随机应变。

比起这也做那也做，不如专注于一件事

人总是在决定了优先做的工作后又开始迷茫，结果什么都做不好。

要想在工作上取得成果，什么才是最重要的呢？微软的创始人比尔·盖茨给出的答案是"专注"，德鲁克也作出了相同的回答。比如某项工作是必须处理的，但我们实际花费的时间却达不到该工作所必需的时间。这样一来就容易出现这也做一点儿那也做一点儿的情况，结果就像德鲁克所说的那样"所有的工作都做了一点儿，但结果没有一项工作能够完成"。

那么为了防止出现这种结果，我们应该怎么做才好呢？德鲁克说最好的方法是"从最重要的工作开始，并且一次只做一项工作"。在一段时间内，集中精力只做一项工作，把其他问题和工作暂时放下，把拥有的时间和能力都集中于这一项工作。这样在完成一项工作后再进行下一项，同样也要秉持着专注于一件事的原则。

当要做的事情过多时，不要立马着手去做，而应该花一点时间思考一下"先从哪一件做起"。

只要把时间、劳动力和资源都集中于一点，就会发现能够完成的工作量和种类都会增多。

对所有创新保持敬意

创新的想法就像青蛙卵一样，

成千上万个中，

仅有一两个能撑到成熟。

凭借《玩具总动员》等热门作品被人们所熟知的皮克斯动画工作室有这样一条标语："无论怎样的创意都必须受到欢迎。"

对于一般的企业来说也应当如此。通常企业要求员工"提出创意"，却发现在收集到的创意中，几乎没有能让人眼前一亮的，甚至还有许多令人感觉"怎么这么愚蠢"。

但是，如果直接对员工说"这么烂的主意就别说了"，以此来屏蔽不好的创意，那么结果会如何呢？

员工可能会抱怨："明明是你先要求我提交创意的，我说出来之后你又说烂，真是太过分了。"这样一来，谁都不会再积极地思考了。因此重要的是，要欢迎所有的创意，绝对不可给员工的创意贴上"烂主意"的标签。

要从收集到的创意中寻找有价值的提示，把小创意结合起来产生出大创意。只有具备了这样的环境和习惯，才能够摸索出"很棒的创意"。这是德鲁克给大家的建议。重要的是首先思考出各种各样的创意，而至于评价，在之后慢慢进行就好了。

切记"时间就是资源"

有效的管理者知道,
时间是一项限制因素。

贝佐斯说："我至今一直沿袭着 20 世纪后期流传的一个理论——最宝贵的资源是时间。"时间对所有的人都是平等的，任何人都无法增加或者缩减时间，也不能像借钱那样向别人借时间。

对于想要有所成就的人来说，时间总是最大的限制因素。那么，如何才能在时间这一制约条件下取得成果呢？德鲁克如是说：

①记录时间。分析是什么事情剥夺了时间。

②管理时间。减少非生产性工作所占用的时间。

③整合时间。把由前两项产生的可以自由使用的时间尽量多地集中起来。

这就是德鲁克一流"时间管理"的开始。大家可以先从分析自己日常的时间的使用方法开始行动起来。

恐怕你会惊讶于自己对于时间的浪费，产生"必须做点什么了"的想法吧。若要取得成果，首先就要从"管理时间"做起，这一点是至关重要的。

WORDS
OF
PETER
DRUCKER

07

注意工作中的浪费

在我们所做的事情中，

有许多即使不做也不会有困扰的事。

近几年兴起了"整理"和"断舍离"的风潮。可见我们身边存在着许多的"浪费"。某企业的创始人曾经要求负责部门每天撰写"股票买卖报告书"，并提交给他。但是数月之后，他便不再关心这件事，于是对负责部门作出了"不必再提交该报告书"的指示。

几年后，当该部门的部长向他提出"您最近好像没有阅读报告书吧"时，这个创始人十分惊讶地说道："你们还在写那个报告书吗？"事实上，这个创始人只是说不用提交报告书，而并没有说"不必再写报告书了"。因此，"没有人阅读的报告书"竟然一直写了很多年。当我们在调查是否还有类似事例时，发现还有许多"没有人看""没有人使用"的文件。

像这样，我们将这些当作"工作"在做的事情中，其实有很多的"无用功"，这些事情是"即使不做也不会出现问题"。

我们应该时常看一看周围的"浪费"，减少"无用功"，学会"舍弃"。之后我们可能会产生许多意想不到的时间和空间的盈余。

计划只有做到最后才有价值

管理者的工作计划，通常都只是纸上谈兵，
或只是良好的愿望，很少能够真正实现。

很多人应该在工作中学习过"PDCA 循环"吧。在开始一项工作时，首先要制订"计划"，然后"实施"计划，"评价"实施的结果，然后再采取"行动"。

　　不知是否受这一理论的影响，世界上有许多非常喜欢制订计划的人。公司的项目也是如此，开始的时候总是颇具声势，高喊着"开始干吧！"的口号，干劲满满。但是一旦开始实施，就会逐渐变得懒惰，不久可能就会陷入"对了，那件事怎么样了"的状态，这样的计划或项目着实不少，如同小时候经常会经历的"计划无疾而终"一样。

　　如果这种经历不断重复，那么即使干劲儿十足地制订了计划，发起了项目，也会因为"反正中途也会遭受挫折"的想法，而无法真心真意地去投入努力。在计划中，重要的不是计划是否缜密而是能否将计划实施到最后。

　　喜欢制订计划但又"半途而废"的人是无法做成任何事的。能够取得成果的只有一旦开始实施计划，哪怕失败也要坚持做到最后，看到结果的人。

09

对不重要的事情说"不"

如果不自己采取行动改变现状，
就会一直忙于日常琐事。

我们每天都在拼命地工作，认真执行被分配的工作，为了作出成果而努力着。尽管如此，却往往拿不出期待的结果，或者每天加班到深夜。

尽管公司要求员工"提高效率"或者"减少加班"，但是需处理的工作并不会因此而减少，现状依然无法改变。

这种时候最不可取的就是"更加努力地去做原有的工作"。德鲁克认为："如果任由日常烦琐的工作存在，就会使自己埋没于这些日常琐事中。"这样一来，无论多么有才能、多么努力，都无法取得成果。

重要的是，我们要学会辨别什么是无用的"行动"，什么才是与成果相关的"工作"。去除无用功，把无用的"行动"转变为有效的"工作"。按照现有的工作量，如果一直按照现在的工作方法做下去，是无法取得成果的。人们如果不自己采取行动主动改变现状，就会一直忙于日常琐事。忙碌的人学会对不重要的事说"不"是十分必要的。

失败是改进的机会

不能把失败归咎于部下的无能或偶然状况。
其实，失败是系统存在缺陷的征兆。

对于失败的处理方式大致可分为三类：①认为"失败是没办法的事"而不去追究；②严肃追究失败之人的责任；③探究失败的原因并活用于今后的工作。丰田采取的就是第三种方式。

在丰田的海外工厂曾发生过用错黏合剂的失误，当时对于担忧会被解雇的负责人，上司并没有过度指责，而是询问："是什么原因？你打算采取什么对策？"

于是这个负责人调查了黏合剂的存放场所，结果发现那里摆放着很多颜色相同、大小相同的罐子，除了用很小的字体写着序号之外，没有任何区分的标识。这样确实很容易拿错，于是这个负责人就让人修改了罐子的颜色，并把序号的字体调大，通过这些实际行动进行了诸多改进。

从此之后就再也没有发生过同样的失误。如果采取上述①和②的处理方式，就无法从失败中学习到任何东西，结果依旧会重复相同的失败。而采取③这种处理方式则能够从失败中吸取教训，得到改进，防患于未然。正如德鲁克所说，把失败归罪于部下的无能或偶然状况就无法取得任何进步，而把失败看作"系统存在缺陷的征兆"就能够发现许多改进之处。

能否使失败变为"改善的机会"取决于失败之后采取的行动。

要从容进取

没有取得成果的人总是低估了成就一件事
业需要的时间。

若想在工作中取得成果，"了解自己完成一项工作所需的时间"是十分重要的。只要能够清楚地知道所需时间，那么在上司作出有时间限制的工作指示时，就可以马上计算出"何时开始着手这项工作"，当发现上司指定的时间不足时，也能够及时向上司要求延长期限，或者寻求周围人的协助。

所以，如何衡量时间是问题的关键。德鲁克认为能够取得成果的人和无法取得成果的人之间的差距就在于此。

无法取得成果的人的特征之一就是"对工作所需的时间预估不足"。他们乐观地认为一切都会进展顺利。但众所周知，没有什么事是可以顺利完成的，预料之外的问题经常发生。因此，这些人往往由于时间不足而导致无法取得成果。

这些无法取得成果的人虽然着急推进工作，但结果却常常是时间来不及，或者他们会同时着手几项工作，结果导致所有的工作都半途而废。

因此，要想取得成果，就必须把精力集中于一项工作，并且从容地推进。事实上，只有能够做到这一点的人才能够完成更多的工作并取得成果。

要看到上司的优势

若想有所作为，
就必须发挥"上司的优势"。

德鲁克认为，一个人要想有作为，就必须发挥"优势"。

因此，组织也应该更加关注人的优势而非劣势。同样地，德鲁克也曾说过"若想有所作为，就必须发挥上司的优势"。

德鲁克认为，如果上司不能作出成果并升职的话，那么部下就只能一直站在上司身后，没有升职的机会。一般来说，如果更换上司的话，取而代之的通常不是部下，而是其他人。因此，为了自己的成功，就必须和上司一起作出成果。部下不应该盯着上司的劣势，对上司多加抱怨，而应该了解上司的优势，并加以活用。

上司也是多种多样的。既有富有执行力的上司，也有判断力卓越的上司；既有人脉丰富的上司，也有人品高尚的上司。

部下无法选择上司，因此才更应该关注这个无法选择的上司的优势，加以学习，并发挥这一优势，这才是至关重要的。

不只在意汗水，而要注重成果

不要混淆脂肪和肌肉的界限，

也不要把工作繁忙和创造成果当成一回事儿。

无法创造出成果的活动只会浪费财富。

总是加班到很晚，就连休息日也去上班，口口声声抱怨"很忙"的人未必能够创造出"成果"，这种情况屡见不鲜。

某个企业的管理者在年轻时曾经担任某个项目的领导者。他每天加班，就连休息日也照常上班，结果依然无法创造出成果，摆脱赤字体质。他的团队成员都把"明明都这么努力了"当作口头禅。

有一天，他的上司突然指出："你们难道不是努力过头了吗？"最初他们以为上司的意思是让他们停止加班为公司节省加班费。当他们最终下定决心按时下班回家之后，无论是身体还是精神都得到了放松，并且想出与之前不同的创意，也逐渐发现了问题所在。不久之后，项目就开始向着良好的方向推进，渐渐地也产生了效益。

德鲁克认为，脂肪常常被混同为肌肉，忙碌也容易与成果混淆，事实上，无法创造出成果的活动只会浪费财富。应该关注的并非流了多少汗，加了多少班，而是"活动是否能够取得成果"。

搞清楚报告和程序是否必要

当报告和程序被误用时，

就不再是管理工具，

而变成了累赘。

无论什么组织都有许多的报告、程序和规则等，其中不乏已经过时或"做过头"的事。曾经在某个企业，即使更换一个灯泡或者领取一个工作用的手套，都需要盖好几个章。确实，像报告、程序和规则等虽说可以更改，但是一旦制订了，就几乎不会删减或修改。

　　德鲁克曾针对某组织的改革提出"把所有的报告暂停两个月，两个月后仅仅恢复工作现场必需的报告"的建议。结果发现，有四分之三的报告书都是不需要的，有剩余的四分之一就足够了。报告和程序本来是为了节省时间和劳动才做的，如果数量过多，过时的报告和程序就不再是工具，而变成了累赘，反而会使工作效率降低。

　　为此，德鲁克建议"所有的企业都应该定期检查所有的报告和程序是否有必要"。

15

工作的目的和意义不可或缺

当生产效率无法提高时，

应当问一问："目的是什么？要实现什么？

为何这么做？"

多年前，谷歌公司在对"团队需要怎么做才能取得成果"进行调查时发现，五个关键特质必不可少。其中有两点："优秀的团队有明确的目标，并在团队中有明确的角色"以及这项工作对"每个团队成员都有意义"，与德鲁克提出的"提高知识工作者生产率"的主要因素如出一辙。

德鲁克认为首先应该问一问①目的是什么；②要实现什么；③为何这么做。只有明确了这些，人们才能找到工作的价值，才能带着热情主动地投入工作。

即使从事相同的工作，如果不明确这项工作是"为了什么"，就会变成"仅仅是在做被分配的工作"的被动心态。但是如果能够明确目标，就会为了实现目标，带着工作的意义去主动地开展工作。

工作需要得到认同。只有上司向部下明确地传达了"目的是什么""要实现什么""为何这么做"，并且得到了部下的认同，部下才能够积极主动地投入工作，并由此取得期待的成果。

第二章

发挥自己的才能，取得成果

专注思考"现在能做什么"

与其抱怨别人不让自己做，

不如将能做的事一件一件地做好。

在工作中，人们常常会产生"想做那件事"或者"想尝试这样做"的想法。然而，当把这些想法告诉上司时，常常会被告知"为时尚早"、"如果失败的话怎么办"或者"没有过先例"等，被这样直接拒绝的情况经常发生。

很多人在这种时候就会产生"那就没什么能做的了"的想法，于是直接放弃。但是德鲁克认为如果这么做的话就会一事无成。

"有些人看似聪明，知道自己无法胜任某些工作，但通常也会因此而无法完成许多工作、取得卓越的进步"。

真正"有能力的人"不会因为"这也不行""那也不行"而产生"那就什么也不做"的想法。他们会觉得"与其抱怨别人不让自己做，不如将能做的事一件一件地做好"。

头脑聪明的人会把"别人不让自己做"当作无所作为的借口，而真正能干的人则会在制约中找到"可以做的事"并努力做好，并取得成果。

17

"对下一步的追求"能够
促进成长

我经常会被问道"你的著作中哪一本最好",
我总是诚心诚意地回答:"下一部作品。"

德鲁克在大学时期，经常买便宜票去欣赏歌剧。某天晚上，他看了作曲家威尔第的歌剧《法尔斯塔夫》之后深受感动，而当他得知这部作品是威尔第在年近 80 岁高龄时创作的作品时更是大受震撼。

像威尔第这样的巨匠即使到了 80 岁高龄也依然坚持挑战新作品的事情，令当时年仅 18 岁的德鲁克感到十分意外。

他感动于威尔第尽管已经功成名就，但依然具备追求"下一部"的精神。从此之后，德鲁克就把从威尔第身上学到的这种精神贯彻始终。他曾说道："我经常会被问道'你的著作中哪一本最好'，每当这种时候，我总是诚心诚意地回答：'下一部作品。'"

这和沃尔特·迪斯尼一直提倡的"我们的价值取决于下一部作品"有异曲同工之妙。德鲁克无论多么有名，总是抱着要写出"比之前更好的作品"的想法坚持工作。因为他知道一旦产生"这样就够了"的想法，就会马上停止进步。为了能够不断成长进步，就不可缺少对于"下一步"的追求。

18

选择困难的道路

如果不选择挑战困难，

而是选择看似容易成功的道路，

就无法取得重大的成果。

树立目标有两种方式：一种是树立稍加努力就能够实现的目标；另一种是树立非常重要但不容易实现的目标，尽管能够预想到要实现这一目标会遇到很多困难，但是依然想要挑战。

　　从成果主义的观点来看，挑战第一种目标就能够实现100%甚至110%的完成率。而挑战后者，可能仅仅能够完成80%，最终以"未能达成目标"而告终。这样看来，挑战前者能够得到更高的评价。但是，德鲁克认为从企业和个人的"成长"角度来看，树立后者的目标才更具价值。

　　我们应该挑战并非容易的事，而是能够带来变革的事，只有拥有这种挑战困难"勇气"的人，才能够取得巨大的成果。

　　谷歌的创始人拉里·佩奇的口头禅是"追寻雄心万丈的梦想通常更加容易"。

　　原因是，容易实现的梦想会有许多竞争者，竞争会十分激烈。而与之相反，有野心的梦想因为总伴随着困难，所以勇于挑战的人很少，于是你就没有了竞争对手。当眼前同时出现容易的道路和困难的道路时，如何选择将决定最终的成长和取得的成果。

积累失败才有现在

越是优秀的人，犯过的错误就越多。

这是因为他们愿意挑战新鲜事物。

"我取得成功的部分，其实只是我所有尝试的 1%。换言之，其他 99% 皆是失败。在持续失败中结出的这 1% 的硕果，方才成就了今日的我"。这是本田技研工业（本田）创始人本田宗一郎的话。

成功概率高的事即使没有缺点，也很难取得巨大的成就。而成功概率低的事，虽然会经历很多次失败，但是一旦成功就能够生产出真正优秀的产品。

本田宗一郎认为，知难而上且获得成功的关键是"无论失败几千次，也要坚持做下去"。

要想取得成功，就要看到带来成功的无数次失败。德鲁克认为"成功并非百发百中之物"，他断言没有经历过错误和失败的人是"不可信的"。理由是，这些人"都是虚伪的，或者只会做没有难度的乏味之事"，真正优秀的人都会犯很多错误，这是因为只有优秀的人才勇于挑战新事物。

如果畏惧失败不敢挑战，就无法取得新的成功。只有不畏惧失败勇于挑战，并且从失败中学习，才能够成为成功者。

要思考"应该做什么"

人获得报酬,

不是要去做他们自己喜欢的事,

而是要去做好那些正确的事。

人们所做的事情有"喜欢的事"、"能做到的事"和"该做的事"之分。

人生中，没有比能做自己喜欢的事并且把想做的事一直做下去更幸福的了。然而现实却是能够做到这一点的人少之又少。

虽然现实如此，但也并非说要忍耐着做"不想做的事"。在组织中有一些无关自己是否喜欢或是否想做的"应该做的事"。德鲁克认为，这些"该做的事"有时比"喜欢的事"更重要。

某位管理者在年轻时曾思考"工作是什么"，他得出的结论是"工作就是做对他人有用的事"。

重要的是，对他人有用，对周围人有用，这与自己是否喜欢、是否擅长无关。只有对他人有用才是工作，而这正是"该做的事"。

在工作上重要的并非自己的好恶，而是思考自己被赋予怎样的期待，自己真正应该做的是什么，并且努力去践行这些该做的事。

21

发挥优势才能取得成果

要做好事情,

首先要对自己有深刻的认识,

清楚自己的优点和缺点。

当某个中小企业的管理者被问到"贵公司的优势是什么"时，他回答："没有什么优势。"而当被问到"那么你们的劣势是什么"时，他却脱口而出"没有人才，销售能力弱，没有知名度"等，一下子列举出许多劣势。

确实，人们无论对于自己还是他人，都更倾向于发现劣势。但是德鲁克认为，无论能够列举出多少劣势，都不会取得成果。人们能够取得成果依靠的是"优势"而非"劣势"。因此人们需要明白自己的"优势和劣势"，并且思考如何才能弥补"劣势"。

人们经常会说"两个人一起经营的企业更容易成功"。比如，本田宗一郎是一位天才的工程师，但是他却不善于经营和管理，而另一位创始人藤泽武夫很好地弥补了这个劣势。因此，本田公司才能得以成功。重要的是要了解自己的"优势"和"劣势"，并且与能够强化自己的优势并弥补自己的劣势的人携手。为了达到这个目标，人们就必须先了解自己"擅长什么和不擅长什么"。

举出身边人的三个优点

成功都要靠优势，
靠劣势什么事也做不成。

德鲁克一贯主张"了解自己的优势，凭借优势取得成果"，另一方面他也认为即使知道自己的缺点，也无法凭借缺点做成任何事。

任何人应该都会同意这种想法。但是不知为何，比起优点，人们往往更容易看到缺点。那么，如何才能让人们关注"优点"呢。

曾经有人提议"列举出自己的丈夫或妻子，好朋友或者公司的上司、同事等身边人的三个优点"。

对于大部分人来说，发现缺点是很容易的，但是要列举他人的三个优点却并不容易。这样一来，人们对于事物的看法就会很片面。然而一旦开始试图发现他人的优点，可能就会发生"那个人虽然说话刻薄，但可能只是为了我在扮黑脸"这样思考方式的转变。

当看法改变时，不光是对人，可能看见没落的街区或烦人的积雪，自己也会发现"原来它们还有这样的优点"。

能够带来成果的是"优点"而非"缺点"。因此要想取得成果就要具备发现"优点"并发挥优势的能力。这一点才是至关重要的。

努力工作，因为总有人在注视

即使没有人会看见，
也要追求完美。

"优秀的木匠不会用劣质木板去做柜子的背板，即使没人会看到"，这是乔布斯的名言。苹果公司正是通过对人们不易察觉的细节的持续追求，才成功使得苹果的产品提升到了"艺术品"的层次。

德鲁克也具有相同的观点。他在年轻时期曾经阅读了古希腊雕塑家菲狄亚斯的故事，被其中一篇故事深深打动。

菲狄亚斯在完成雅典的帕特农神庙屋顶上的雕塑群后，去向会计官员请求支付费用，没想到会计官员竟然说道："你擅自雕刻了谁都看不到的雕像的后背，还要求支付费用，真是不可理喻"，从而拒绝了他。菲狄亚斯反驳道："并非如此，神明看得到。"

通过这个故事深受感动的德鲁克从此之后便时刻铭记"哪怕只有神明能看到，也要追求完美"，并一直带着这一信念从事工作。

人们经常会因为是"很小的工作"而轻视某个工作，或者因为"没有人会在意"而偷工减料。这些其实都是背叛自己的行为。

所以，工作中要注重对细节的追求。

要知道自己能发挥才能的地方

了解自己擅长的工作方式与了解自己的优势同样重要。

德鲁克认为要想在工作上取得成果，了解自己的"优势"是十分重要的，同时他认为与之同样重要的是"要了解自己擅长的工作方式"。

　　比如，对于①自己更适合单独工作还是和其他人携手工作；②自己更适合做领导者还是更适合做辅佐者；③自己更适合紧张的工作状态还是在安稳的环境中更能发挥优势；④自己更适合大型组织还是小型组织等问题，只有清晰地知道"自己更适合哪种方式"才有可能取得成果。同时德鲁克也指出，有些人正是因为对这些问题没有清晰的认知，从而选择了自己不擅长的工作方式，最终导致无法取得成果。

　　在这个世界上有许多人作为二把手取得了卓越的成就，但是当他们成为领导者后却遭受了诸多挫折。另外，有些人在大企业能够大展身手，但是一旦到了小企业却无所作为。因此，要想取得成果，就必须了解自己能够作出最大贡献的地方，并将自己置身于此，这也是至关重要的。

莫犹豫，勇敢踏出第一步

挑战新工作时，

需要的并不是才能而是勇气。

尽管清楚地知道什么是"想做的事"和"该做的事",但依然无法踏出重要的第一步,这种情况并不少见。犹豫的原因在于"如果失败的话怎么办"这种恐惧。但是,如同德鲁克所说"要想在未来有所成就,就必须积极地挑战新事物,努力工作",这比什么都重要。

　　拉里·佩奇曾经说过:"乐观的想法十分重要。在面对已经决定的目标时,要乐观一点。"

　　在挑战新鲜事物或没有经验的工作时,没有人能够保证成功,甚至失败的风险更高。但如果一直陷于这种不安之中,就迟迟无法迈出第一步。

　　德鲁克认为,在挑战新工作时,需要的并不是才能,而是"为了这个目标开始行动"的"勇气"。只要鼓足勇气踏出第一步,那么之后要做的就只要怀揣信念努力工作就可以了。

不依赖上司，用自己的头脑思考

知识劳动者必须敢于做决策。

日本有个词叫"等待指示一族"，是指无论做什么都要等待上司的指示，没有指示就什么都做不了的人。这么做确实没有风险，也不需要承担责任，但是在变化激烈的时代，这样的做法是无法取得成果的。

在丰田的海外工厂曾经发生过这样的问题：年轻的员工A在部门发生问题时被要求立刻给出解决办法，但是不巧那天上司由于出差并不在公司。于是A回想着发生类似问题时上司的解决方法，从而克服了当时的困境。但是，出差回来的上司却对他说："你为什么不用自己的头脑思考一下还有没有更好的办法呢。"

忠于上司的指示并非坏事，但是要想得到成长就需要"用自己的头脑思考，勇于承担责任地采取行动"，这是那位上司给员工的教导。比如，在混乱的战场，虽然长官会事先教给士兵遭遇敌人时的应对方法，但是在紧急时刻，能够做决定的只有在场的士兵自己。

工作上应该带着自己的思考去行动，"等待指示一族"没有未来。

第三章

发挥人的才能

畏惧改变的人就会变得平庸

为何 10 年或 15 年后,

曾经有才能的人会突然沦落为平庸之人?

有一句话叫"好运动员不一定能够成为好教练"。著名的职业棒球运动员在成为教练后却无法拿出值得期待的成绩，而作为运动员时成绩并不显著的选手在成为教练之后却取得了辉煌的战绩，这种事例也并不少见。同样的情况在商业界也时有发生。

事实上，在商业界能够得到晋升的几乎都是取得过卓越成就的人，因此后一种情况几乎不存在。但在某个部门或者职位上连续10年，甚至15年取得过成就的有能之人被寄予厚望成为管理者后，却无法取得成果，导致"平庸化"的情况经常发生。德鲁克对其原因进行了如下分析：

在新的职位上他（她）依然保持着和以前一样的工作方式，这才导致了失败。他（她）需要深入思考：①新职位的需求是什么；②为此应该做什么，并"改变自己的工作方式"。否则就会被过去的成功束缚住，依然用以前的工作方式做现在的工作，最终就有可能沦为一个平庸的人。因此，人们要想使自己的才能持续发挥作用，就必须坚持思考、挑战和改变，这才是最重要的。

"少说多听" 才能打动人

要做到少说多听。

德鲁克认为"成果取决于习惯"，并举出了高效工作者都遵循的八条重要习惯，如果要在这八个习惯上再加上一条，那么就是"少说多听"。

聘请德鲁克为顾问并向之学习的 GM 传奇 CEO 艾尔弗雷德·斯隆在开会时，总是在会议的开头就说明会议的目的，之后除了对有疑问的内容提问之外就不会再有任何发言，直到会议结束时再进行总结和致辞。会议结束之后，他会回到房间总结会议的结论和任务，指定负责人，规定好期限，并通知给所有的参会人员。

正是这样的工作方式才促使 GM 成长为世界第一的企业。

美国自我启发之父戴尔·卡耐基认为要想说服和打动对方，"倾听"的能力至关重要。

卡耐基总是十分认真地倾听对方的谈话，哪怕要花上很长时间。这也促使他能够和对方建立良好的关系，被人们称赞为"最棒的谈话伙伴"。卡耐基曾说过自己"不会迷失于各种称赞的人，却会被用心倾听自己的人所吸引"。

越是在自己表达欲强烈时，越要耐心地倾听别人的话。"少说多听"正是最能打动人的奥义。

组织要发挥人的优势

大部分人不具备独自取得成果所需的所有能力。

众所周知，拥有强健的肉体、被称为强壮猎人的尼安德特人灭绝了，而与他们相比，体格弱小的智人却能够得以生存繁衍，这是因为智人明白自己的弱小，从而选择了同伴"合作"。

　　以这种"合作"为前提形成了组织。在招聘员工时，伴随其优势而来的还有他们的弱点，而这些弱点与工作和成果无关，仅仅是个人的缺点。德鲁克认为构建组织时，必须发挥员工的优势，这是至关重要的。

　　如果一个人能够完成所有的工作，那么就没有必要成立组织。具有少量的优势和一些弱点的人，只有从属于组织，发挥各自的优势，才能通过合作取得成果。

　　"所谓组织就是一种工具，用以发挥人的长处，并中和人的缺点，使其成为无害"。只要具备这种想法，那么在人事方面要看一个人的优势还是弱点就显而易见了。

30

不可依靠明星成员，要以成为最棒的团队为目标

集结了优秀独奏者的管弦乐队并非最棒的管弦乐队。

曾经担任过日本国家足球队主教练的伊维卡·奥西姆在1990年意大利世界杯期间，作为主教练带领自己的祖国南斯拉夫国家队进入八强。之后他收到了世界闻名的大俱乐部的执教邀约，但是他最终选择了澳大利亚的中坚俱乐部。

理由是，大俱乐部集结了许多世界上的明星球员，奥西姆质疑道"谁来为了他们奔跑呢"。他坚信在一个球队中，除了明星球员，还需要有奔跑的球员，奉献自己守护球队的球员，只有这样才能成为一支真正强大的球队。

无论任何组织都不可能仅仅聚集最厉害的人才。即使聚集了最优秀的人才，如果缺乏全员团结一心向着胜利奋斗的姿态，就无法成为一流的组织，甚至有可能输给二流组织。

最理想的并非集结"11名最佳选手"，而是"11个人组成的最强球队"。

德鲁克也曾说过"集结了优秀的独奏者的管弦乐队并非最棒的管弦乐队。只有优秀的成员一起奉献最棒的演奏才是最棒的乐队"，这适用于任何组织。

百言不如一行

管理者是采取行动的人，
是实际做事的人。

某企业的技术人员曾这样说过："技术人员分为两种类型：一种是运用知识制造产品的挑战者；另一种是运用丰富的知识解释为何无法成功的人。而我们需要的是前者。"

　　乔布斯也经常反驳总爱批评苹果产品的人，对他们说："你是创造出了产品的人，还是只会耍嘴上功夫的人？"确实，在社会上有很多喜欢指出问题、能说会道的人，但是一旦让他们做事，就会发现他们缺乏行动力。

　　虽然我并非要否定批评家的存在，但是能够为社会作出贡献、取得成果的人只有像德鲁克所说的"采取实际行动、做实事的人"。德鲁克认为："对于管理者来说，无论拥有多么丰富的知识，如果不能转化为行动，也将毫无意义。"

　　如果不付诸行动，任何想法都没有意义。这不仅适用于管理者，在商业领域也是如此，关键在于所想所说有多少能够转化为实际行动。

让普通人做不普通的事

无论任何组织都无法找到大量的优秀人才，
组织的目标应该是让平凡的人做不平凡的事。

在丰田流传着这样一句话："与其让一个人迈一百步，不如让一百个人每人迈出一步。"如果仅仅知道现在的丰田，那么可能会认为丰田的成功得益于聚集了优秀的人才。但是实际上在战后不久，丰田就曾遇到过濒临破产的危机，也因此不得不解雇了两千多名员工。

那时的丰田与现在相比，既没有钱又没有人，只不过是一家乡下企业。在从危机中重建的过程中，丰田十分重视的就是上述"让一百个人每人迈出一步"的想法。能够独自迈出一百步的大明星几乎不存在，丰田尝试的是让在生产现场工作的每一个职员发挥他们的智慧，力图精进才能成功地以更低的成本制造出更好的汽车。其结果就是"现在的丰田"。

就像德鲁克所说的那样，无论任何组织都无法找到大量的优秀人才。重要的是激发平凡人的智慧和能力，团结一心创造出最佳成果。只要能够完全激发出平凡人的能力，就能取得超越普通组织的成果。

能否发挥才能取决于
做人的能力

头脑聪明的人，特别是大部分年轻人都不明
白良好的待人方式能够成为事业的润滑剂。

"要想取得成果，就必须了解自己的优势，集中精力发挥自己的优势，并努力增强自己的优势"。这是德鲁克的根本思想。无论是企业还是个人，能够带来成果的都绝非劣势，而是优势。因此，了解"优势是什么"自然是至关重要的；另一方面，德鲁克也认为必须认真改掉有可能让优势白费的"坏习惯"。

比如，认为自己是某个领域的专家，就拥有了没有必要了解其他事情的"傲慢之心"；或者有一种愚蠢的执念——"既然制订好了计划，就一定要实施"。如果不能改正这些坏习惯，就难以发挥难得的优势。其中尤其需要注意的是"恶劣的待人方式"。

正因为工作中需要人和人的交流合作，才更要重视对待他人的方式。如果傲慢无礼，缺乏为他人着想的友善之心，就会产生不必要的摩擦。

谷歌和亚马逊这样的 IT 企业，在进行团队工作时也十分注重员工的待人方式。无论一个人的能力多强，如果该员工是一个"过度自私"的人，就会被敬而远之。为了顺利地开展工作，良好的待人方式是不可或缺的素质之一。

34

了解工作伙伴的优势

取得成果的第一秘诀就是了解自己的工作伙伴，

活用他们的优势、工作方式和价值观。

要想取得成果，了解"优势"是很重要的。德鲁克建议人们不仅要了解自己的优势，还要尽可能地活用一起工作的每一位上司、前辈和部下的优势、工作方式和价值观等，这才是取得成果的秘诀。

人们总是有各种各样的"癖好"。比如，在上司当中既有讨厌烦琐的报告书和策划书，希望所有的文件都不超出一张 A4 纸的人，也有认为内容可以很长但必须要点突出的人，还有在看对方给出的方案时，几乎总会否决第一个方案的人。

某位管理者到新部门就任时，总会花费一个星期到十天左右的时间去仔细地观察部下。只有当他能够做到"看到后背就知道对方在想什么"之后，才会对部下作出这样那样的指示。

无论什么工作，对工作伙伴的了解程度往往左右着工作成果。工作并非仅靠权限或权力，还需要理解、接纳和共鸣，只有这样才有可能把工作做得更好。

第四章

—— 不畏变化，使之成为机会

着手于确定会发生的
未来

出生率的剧增与剧减，

在 15 年后甚至 20 年后会给劳动人口的多少

带来很大影响。

虽然未来是难以预测的，但是未来之中还包含着"确定会发生的可预测的未来"。比如，日本正在面临的少子化问题，只要看一看出生率的变化趋势，谁都能够非常容易地预测出来。如果不大胆地实施移民政策，那么现在的出生率低下在 5 年、10 年、20 年后会进一步加剧，人口也会进一步减少。

　　德鲁克认为寻找这种"已经发生的未来"是很有必要的。"出生率的剧增与剧减，在 15 年后甚至 20 年后会给劳动人口的多少带来很大影响。变化已经在发生了，其结果也必定会出现。已经发生的未来能够为我们带来机会"。

　　尽管如此，但人们总是具有优先应对"眼前的问题"、而对于"将在未来发生的棘手问题"尽量拖延的倾向。人们即使看到了相同的数据，也绝对不会作出相同的判断，采取相同的行动。虽然未来的时代难以预测，但是，能否看到"已经发生的未来"并发现潜藏在那里的机会，往往左右着商业的成败。

36

走出去，抓住变化

没有人能赶上变化，
唯有走在变化之前。

音乐制作人秋元康先生认为要想在信息泛滥的时代收集到原创信息，就不能去寻找被好好整理出来的、随时可以找到的信息，而要去发掘"被他人丢弃的不易被察觉的信息"以及"大家都不把它当作信息的信息"，这些信息才是更加重要的。

　　比如，当你在街上看到一个发型有点与众不同的年轻人时，如果能想到"这个发型很有趣"，那么这就是"信息"。但是如果觉得这个年轻人的发型曾经在杂志上出现过并且有"在涩谷最近这种发型的年轻人变多了"的感觉，那么这就仅仅是"知识"，难以成为"创意源"。当然，如果街上到处都是相同发型的年轻人，那么除了远远地看一眼之外就没什么用了。

　　德鲁克认为："当具有统计意义的事物出现时，别说当作机会利用起来了，就连采取应对措施恐怕都已经来不及了。"

　　德鲁克建议要想迅速地抓住变化，就必须走在变化之前。这也是优秀的创造者和商业人士正在做的事情。

为了明天，从现在开始培养人才

必须从今天开始培养明天的管理者。

"为今日而战，为明日思考"，这是曾经作为英格兰足球超级联赛的曼彻斯特联足球俱乐部总教练开创了一个时代的亚历克斯·费格森说过的话。

这句话并不仅仅适用于足球队，无论什么样的强队，如果执着于眼前的胜利而疏于改革，那么就一定会在巅峰时期过去之后陷入低迷。而大刀阔斧的改革，在出现结果之前总是需要花上很长的时间。

费格森总是慎重地对待眼前的每一场比赛，同时不忘为了将来进行改革，这样才成功地将球队培养成了常胜军团。

德鲁克认为在人类社会中唯一确定的事就是变化，无法主动地实施改革的组织是无法在明天的变化中生存下来的。

因此，对未来人才的培养至关重要。要时刻为了明天做好准备，培养人才，追求"今天比昨天更好，明天比今天更好"，保持变化是重中之重。

作为领导者，必须做的就是"培养出能够超越自己的部下"。只有做到这一点才能够使组织持续不断地成长。

变化总是从外部来

重大变化的最初征兆极少表现在组织内部或

组织自己的顾客群身上，

它们几乎总是首先表现在非顾客群体上。

改革往往发生于行业外部，并且能够瞬间改写行业版图。

贝佐斯对于图书销售是一个完全的外行人，但是亚马逊的登场却颠覆了图书的销售模式，而曾经的汽车门外汉特斯拉 CEO 埃隆·马斯克通过制造外观优良的电动汽车，引领了汽车行业走向电动化的进程。

尽管如此，依然有众多企业从不寻求改变，一味地关注行业内其他企业的动向，把注意力放在自己的顾客身上。

德鲁克认为，曾经美国的百货商店占有零售市场大约 30% 的份额，并热衷于研究自己的顾客，但是不知为何，它们却从不关心另外 70% 的非顾客。因此，才导致它们非常快速地失去了自己的地位。

诚然，"顾客第一"和"顾客志向"是非常重要的，但是，仅仅关注自己的顾客和行业的话，就会跟不上变化。真正应该关心的是"非顾客"以及行业外部的动向。

冷静地狂热

在时代风潮中，
所有的公司都有可能永久地成长。

经济状况是循环交替的，时而经济急速下行进入大萧条，时而景气过热导致泡沫经济。美国存在着 IT 泡沫和住宅泡沫，日本也曾经历过高度成长和泡沫经济。

在景气过热的时候，比如处于 IT 泡沫之中的企业，有可能会像德鲁克所说的那样认为自己可以"永久地成长"。结果泡沫一旦破灭，就会出现大量的失业者，众多的企业也将走向灭亡。而只有在泡沫之中能够"保持冷静地狂热"，不忘为将来做准备的企业才能最终成长为战胜泡沫生存下来的企业。

丰田有句话叫"穿越繁荣"。在繁荣经济中任何人都相信自己"能够持续成长"，从而导致过度投资或者盲目投资。但是只有身处繁荣之中依然能够带着"这种成长不会永远持续下去"的意识穿越繁荣时期的企业，才有可能取得"下一步的成长"。

无论是人还是企业都容易得意忘形，要想取得长久的成果，得到长足的发展，就必须做到能够"穿越繁荣"。

不要重复相同的成功

成功往往会使取得成功的行为变得过时。

在奥运会蛙泳比赛中连续两届获胜的北岛康介的教练平井伯昌总是把"不要重复相同的成功"作为信条。

大多数人一旦获得一次成功，就会重复相同的成功模式。但是，如果持续做同样的事，就会被竞争对手看透，总有一天将无法继续取得成功。

为了避免这种情况发生，就要做到"在成功的瞬间舍弃这种成功，寻求更高的挑战"。这正是平井先生和北岛先生的想法。"否则就会在胜利的瞬间认为自己已经达到人生巅峰"，这种想法中包含着二人的智慧，也是其连续获胜的秘诀。

这种思想同样适用于企业。德鲁克认为，取得成功的行动和商品以成功的当天为界开始"陈腐化"。成功的商品必然会出现众多的模仿者。在追求"更优质更廉价"的时代，越是获得巨大成功的商品，越会出现大量的竞争者，一旦疏忽大意，第一的宝座就会被瞬间夺走，这就是商业。

越是在成功的时候越要自省。只有在成功的时候不放弃挑战，才能把胜利保持下去。

使变化成为日常

有效管理者把变化视为机会而非威胁。

达尔文曾经说过"能够生存下来的并非最强壮者，也并非最聪明之人，唯一有可能生存下来的是能够保持变化的人"。他也曾说过"即使人们知道自己做错了，但只要不受到困扰就不会寻求改变"，这同样是不争的事实。

对于大部分人来说，虽然当"变化发生"或者试图"改变什么"时会带有些许的期待，但是同时也伴随着巨大的不安。因此，"如果可以的话还是保持原样为好"的想法就会十分强烈。出于这种心理，企业等组织也极度恐惧变化。有的人对于改变工作方式等都有着强烈的抗拒。

虽说"自己已经按照这种做法做了20年"，但是一贯的做法并不能促使人进步，也无法奢望依靠一直以来的做法能够收获成果。既然"成果总是在机会中产生"，那么就"必须发现组织内外的变化，并思考如何使之成为可利用的机会"。这正是德鲁克的想法。

如果不采取任何行动，那么变化就会成为"威胁"，但是如果能亲自迎接变化，主动寻求改变，那么就有可能使之成为巨大的机会。

若想取得成果，就必须使变化成为"日常之事"，保持变化至关重要。

42

通过舍弃创造未来

如果不舍弃昨天，就无法创造明天。

德鲁克认为若要取得改革的成功，方法之一就是"系统性废除"。历史悠久的大企业拥有数量众多的产品和服务，其中也不乏已经完成使命的产品，或者光消耗成本不再产生利润的产品。德鲁克认为，如果不能系统性地舍弃这些，就无法继续发展。

在苹果公司濒临破产时，临危受命作为代理 CEO 回归苹果公司的乔布斯首先采取的措施就是"舍弃"。在乔布斯回归之初，苹果公司的产品种类达四十多种。他舍弃了其中大部分产品，仅仅留下能够发挥公司优势的四种产品，坚决实施了组织的彻底"瘦身"，才使得苹果公司迈出了重生的第一步。

"如果不舍弃就无法前进"，这是乔布斯的名言。正是通过集中优势，精简能够发挥优秀人才优势的产品，才诞生了 iMac 和 iPod。德鲁克曾说过"如果不舍弃昨天，就无法创造明天。如果优秀的人才被昨天所束缚，就无法发挥其才能"。成长必然伴随着与过去的诀别。

思考是为了行动

思考"我们的事业是什么，我们的事业将会是什么，我们的事业应该是什么"，

这并非是为了获取知识，而是为了付诸行动。

德鲁克认为若要使企业得以持续发展，就需要"定义自己的事业"，并要时常检讨审视这个定义。同时如果这种"思考、检讨"仅仅停留在"获取知识"的层面，而不与"行动"结合起来，那也是十分危险的。

　　世界上有许多喜欢开会探讨问题并给出各种"必须这么做"等提议的人。他们确实拥有丰富的知识，分析得也十分到位，但是一旦询问他们"那么要实际做些什么才能实现"时，他们要么说"那不是自己的工作"，要么是把行动"交给别人"，从不亲自采取行动。这样一来就无法取得任何成果。

　　德鲁克曾经说过："思考'我们的事业是什么，我们的事业将会是什么，我们的事业应该是什么'，这并非是为了获取知识，而是为了付诸行动。"

　　有一句话叫"百言不如一行"，在商业上需要的不仅是检讨审视，更需要能够付诸行动。

44

用自己的眼睛去观察

如果不能亲自走出去，
不把到现场看一看当作理所应当的事，
就看不到真相。

在当今时代，人们无须特意走出去就能够获取全世界的信息。但是，如果过于相信这些信息，也有可能会造成误判。

伊藤忠商事的前会长丹羽宇一郎在年轻时曾做过粮食期货相关的工作，有一次他在报纸上看到了一些令人震惊的照片，照片上是由于干旱而沙地化的耕地。

许多人看到这些照片后都以为"干旱正在发生"，于是纷纷奔走购买粮食。而丹羽先生却质疑道："这是真的吗？"带着这种疑问，他进行了实地走访。

结果发现那些沙化的土地仅仅是很小的一部分。大部分的耕地还是绿油油的，一片生机盎然。尽管报纸上的报道也并非绝对的谎言，但是十分片面。从此之后，丹羽先生就把"如果不亲自到现场看一看就无法了解真相"当作信条。

不仅仅是新闻报道，公司内的报告书等也是相同的道理。德鲁克曾说过："无论别人写的报告书如何漂亮，运用了多么高深的理论，如果不走出去亲自观察就无法了解真相。"

观察现场就是了解真相，只有这样才能不被报道或报告书所蒙蔽，还能够磨炼判断是非的能力。

迷茫时倾听一下用户的声音

要想获取外界的信息，

就必须亲自成为顾客、销售和患者。

"制造者理论"和"使用者理论"通常存在很大的差异。制造者认为"如果添加上这样的功能应该会很方便",但是在使用者看来,比起功能他们更需要操作简单、价格低廉的商品。这种差异经常会发生。在制造公司工作的人既是"制造者",也是其他商品的"使用者",但是,不知为何一旦涉及自己的工作,"制造者理论"就会胜出。

　　德鲁克认为"医生最好的成长方法就是亲自作为患者住院两个星期"。的确,医生只有成为患者,才能够理解患者的心理。某个生产办公设备的公司曾经把参与打印机开发的工程师派到大量使用打印机的打印中心工作一个星期左右。

　　结果,他们发现自己自信开发的功能几乎不会被用到,却知道了用户有许多让他们意想不到的用法,从而获得了许多重要发现。

　　只有倾听用户和顾客的声音,才能成为真正意义上的"专业制造者"。

46

同样的信息，不同的行动

虽然人们知道如何获取数据，
但却不知道应该如何使用数据。

在当今信息爆炸的时代，谁都能够轻易地获取信息。因此，人们追求的不再是"如何获取信息"，而是如何判断获取的信息，如何使之在工作上发挥作用的能力。

　　贝佐斯在金融企业工作时，注意到互联网的急速发展，于是开始创业。但是，当时看到同样数据的人并没有感受到像贝佐斯一样"必须马上采取行动"的紧迫感。贝佐斯看到的数据也并非特殊数据。可见，不同的人即使看到了同样的数据，对于数据的利用方式也大为不同。

　　德鲁克说："年轻的管理者都精通电脑。但是，精通信息的管理者却很少。他们尽管知道如何获取数据，但是却不知道如何利用这些数据。"所以，重要的是，我们要在获取重要数据之后，学会思考"这些数据能够用于什么工作"。在所有人都能够获得大量信息的时代，只有能够从中发现重要信息并马上采取行动的人，才有可能取得成果。

第五章 —— 坚持学习

机会总是光顾有准备的人

企业必须为成长做好准备。

如果企业没有做好准备，

机会就会转而去敲别人的门。

听说一位十分专业的演员在年轻时通过代替因病辞演的人气演员出演古装剧，从而抓住了跃升的机会。虽然是突然到来的古装剧主演机会，但是他并没有因此慌张，这得益于他在平时为了"不知何时会到来的机会"所做的准备，例如古装剧需要的骑马、坐姿、快速拔刀法等相关的训练。

　　机会并不是平等的，没有人知道机会何时到来。但是，唯一可以断言的是"机会只会叩响有准备之人的大门"。

　　德鲁克曾经这样说："企业必须为成长做好准备。如果企业没有做好准备，机会就会转而去敲别人的门。"

　　一位日本有名的电影导演也曾说过："如果先决定好要拍什么再去准备的话，就太晚了。"既然说了"想做××"就要为之做好准备，这是十分重要的。如果等到机会的女神降临在眼前时才开始慌忙准备，机会就会瞬间溜走。

持续学习使人生更加丰富

少年时期和青年时期学习的知识对于之后的人生来说，只不过是离开那里的跳板。

只要从学校毕业在企业就职，就可以享受终身雇佣，通过年功序列就会升职加薪直到退休，享受安稳的一生，这种曾经大多数日本人坚信的人生故事早已经成为"梦话"。尽管如此，依然有很多人对于学历的"信仰"根深蒂固，认为只有从"好学校"毕业才是成功的通行证。

　　当今是一个以 AI 的高速发展为代表的变化激烈的时代，如果浑浑噩噩不思进取就会被时代抛弃，这是不争的事实。对于在这样的时代中人们应该怎么做，德鲁克很早就带着问题意识提出"成年之后也要坚持学习，并使之成为常识"。

　　学生时代学习的知识在几年之内就会过时，为了学习新的理论、技能和知识，人们"必须坚持学习和自我启发，对自己的事业负责"。也就是说，毕业和就职并非目标，而是新的起点。这是德鲁克给出的至今都受用的建议。人们要想不断成长，就必须保留"学习的时间"，这是非常重要的。

49

不要依靠成绩，要打磨执行力

无法提前知晓谁是杰出的工作者，
因为最不可靠的就是学校的成绩。

温斯顿·丘吉尔在第二次世界大战中，作为英国首相带领反法西期同盟国取得了胜利，是至今都在世界上备受瞩目的政治家之一。

但是儿童时期的丘吉尔却是一个差生，升学考试也屡次失败，在学校出现问题时甚至遭到了校长的鞭打。

这样的丘吉尔曾经被父亲叹息道"这样下去只会过上寒酸不幸、毫无意义的生活"。然而，走上社会后的丘吉尔却逐渐成长为一名卓越的政治家。德鲁克曾这样说："历史书不会记载那些在学校成绩优秀而进入社会后一事无成的人。"

虽说学校的成绩并非不重要，但是就像杰克·韦尔奇所说的那样，如果仅凭学历和学校的成绩录取员工的话，"简历就会成为对企业来说十分危险的武器"。

取得成果需要的是充满热情和创意、并且富有执行力的人，这些通常无法通过成绩单和简历体现出来。明白成功需要的是不同于"成绩"的其他要素也是非常重要的事。

如何度过人生百年

我们不再指望到我们 60 岁时，

我们 30 岁时就职的公司仍然存在。

这是德鲁克在几十年前写下的话。但是放在今天这个时代，也依旧适用。

每年，都会公布应届毕业生愿意选择的人气企业排行榜，但是把 20 年前、30 年前的排行榜与现在的相比，就会发现很多当时受欢迎的企业都不复存在了，也有不少企业因为合并等原因改变了名称，或者事业内容发生了很大改变。

谁也不能保证在 22 岁时就职的组织到了自己 30 岁、40 岁时也依然存在，到那时也未必还有自己的容身之处。那么在 AI 技术不断发展、工作方式和工作内容都将发生巨大改变的时代，我们究竟应该如何自处呢？

德鲁克给出的建议是：①在日常生活中坚持学习；②努力挑战更优秀的事；③深度思考新工作的需求。

在人类寿命比组织寿命或职业寿命更长的时代，坚持学习、保持变化才是最重要的事。

终身学习

一次只集中精力学习一件事，

这是我自己的学习方法。

直到现在我也一直坚持这个方法。

德鲁克认为在变化激烈的时代要想不断取得成果就需要"持续学习"。日本的商业人士经常被指责"明明年轻时期很好学，但是随着地位提高却变得不再学习了"。学生时期拼命学习，工作之初由于有很多不懂的事也能继续学习，但是随着工作越来越熟练，升职加薪之后就会变得仅凭过去的经验思考事物。

　　然而这样是无法在未来的时代中生存下去的。德鲁克是世界知名的顾问，能够有此成就，正是得益于他在20岁上大学时在报社兼职的经历。作为记者需要拥有各种各样丰富的知识。因此，德鲁克利用工作结束后的时间进行学习。他的做法是"一次只集中精力学习一件事"，掌握到一定程度之后再转移到下一个课题。

　　正是对这种学习方法的坚持才使得德鲁克获得了成功。人无论到了几岁都必须坚持学习，并且最好的方法就是"集中精力"。

教即是学

知识工作者在教别人的时候最能得到学习。

丰田的特征之一就是培训的内部化。在大多数企业把培训委托给外部时，丰田却坚持采用内部培训的方式。培训项目的内容就不必说了，就连讲师也由公司内部人员担任。其理由是"前辈教后辈是丰田的传统"，而且"如果让不了解生产现场的外人来教，那么即使教了也起不到什么作用"。

　　除此之外还有一个优点，那就是担任讲师的人"除了教授知识之外，自己也能够得到成长"。将自己掌握的知识和技能用简单易懂的方式教给后辈其实比预想的更难。因此，通过指导后辈也能让自己回归原点，检验自己的知识是否扎实，重新审视自己的工作，并且发现新的改进点。通过这一过程，前辈不仅指导了后辈，也从中得到了成长。这就是丰田的想法。

　　德鲁克说过："知识工作者在教别人的时候最能得到学习。"在变化激烈的时代，企业必须不断追求新事物，成为"好学的组织"。而为了让好学成为事实，企业也必须成为"会教的组织"。

通过工作得到锻炼

教育无法提供经验和智慧。

丰田有句话叫"知识和智慧是不同的"。"知识"是通过所谓的学校和培训等获得的，而"智慧"则是通过将知识活用于工作现场并通过不断地试错才得以拥有的。

　　这并非说知识不重要，知识对于任何工作来说都是不可缺少的，如果没有基本的知识和技能就无法完成工作。但是知识的作用也是有限的，人们需要通过工作积累各种各样的经验，才能将知识转化为智慧，磨炼自己得以成长。

　　德鲁克告诉我们"教育无法提供经验和智慧"，他认为"虽然教育能够带给人们丰富的知识，但是几乎无法给予人们聪明才智"。

　　与"财富和权力伴随着责任"一样，"越是知识相关者越会被要求具备高度的道德标准"。知识同样伴随着责任，具备知识的人不仅要通过经验将知识打磨成智慧，还需要时刻采取负责任的行动。

第六章

发挥组织和团队的作用

使"小优势"集结成"大优势"

我们应该感谢自己、伙伴和我们周围的小优势。

优秀的人常常会陷入的失败之一就是"自己承担一切"。某个企业的管理者在刚刚就任管理职位的年轻时期，总是一个人承担所有的问题，结果经历了许多辛苦。

正因为他在升职之前的工作得到了高度评价，取得了诸多成果，对自己十分有信心，才会倾向于什么事都"自己做"。结果却用力过猛，与周围无法适配，不仅白白浪费了努力，还失去健康的身体。

这时，有一位前辈提醒他"要把肩上的重担分给别人"。只要变得谦虚一点，看一看周围的人，就会发现许多有能力的上司、前辈、同事和部下。从此之后，他开始把问题和工作分配给其他人，这个问题交给这个人，那个问题跟那个人商量，而周围的人也都非常配合地给予他协助。无论是怎样的超级英雄都无法靠一人之力突破敌阵。

我们周围有许多人虽然没有大优势，却拥有许多"小优势"。要感谢这些小优势，只要能够动员大家的力量和智慧，就有可能收获意料之外的巨大成果。

只有对方理解了才算
"传达成功"

有效沟通的关键是信息的接收者。

《活法》 稻盛和夫代表作 风靡全球 企业家首选心灵读本

（经典版） （珍藏版） （口袋版）

中国销量突破 **600** 万册

稻盛和夫将其多年心得以质朴的文字娓娓道来，企业经营者可从中领会企业发展之路，而普通人亦将感受到高境界的为人之道。

东方出版社 The Oriental Press

稻盛和夫项目组

图书目录（2023.10）

稻盛和夫经典著作

销量600万 销量40万 销量50万 销量100万 销量5万

① 《活法》（经典版）
② 《思维方式》
③ 《稻盛和夫自传》
④ 《稻盛和夫的哲学》
⑤ 《提高心性 拓展经营》

销量50万 销量45万 销量8万 销量8万 2023 新书

⑥ 《京瓷哲学：人生与经营的原点》
⑦ 《稻盛和夫的实学：经营与会计》
⑧ 《稻盛开讲5：六项精进》
⑨ 《经营之心：助力企业的"心"领导》
⑩ 《燃烧的斗魂》

稻盛哲学实践案例

2023 新书

（平装）（小开本精装）

《果然不凡》

本书是一部企业文化探索的建设史，一部"稻盛经营学"的实践史。是国内稻盛经营哲学成功落地的著作。

《上天赐予的粉色鞋子》

稻盛和夫评价："德武产业热衷于帮助别人，是个非常伟大的企业。"本书记录了德武产业经营者坚持利他，践行稻盛哲学后将赤字企业经营高收益企业的过程。

《日航的奇迹》

稻盛和夫亲自推荐。记录了日航重建的全过程，给广大读者展示了一个践行稻盛哲学的鲜活案例。

《"挑战者"稻盛和夫》

独家再现稻盛和夫是怎样从白手起家，打造世界500强企业京瓷和KDDI的全过程。

《稻盛经营哲学解析与导入》

轻松了解稻盛和夫经典作品《京瓷哲学》，并建立自己的哲学。让稻盛哲学中国化，真正助力中国企业成长。

《德是业之基：当代日本经营之圣稻盛和夫的经营哲学》

稻盛和夫演讲稿、中日企业家学习稻盛经营哲学的心得体会、知名学者对稻盛哲学的研究评价，国内较早正式出版的传播稻盛哲学的专著再版。

《爱法：爱是一切教育的灵魂》

讲述的是吴安鸣创办行知教育的艰辛历程，阐释稻盛经营哲学如何融入教育企业中，让企业也能践行知行合一，见证真真实实的中国职业学校的成长史。

曹岫云著作

领悟稻盛和夫哲学真谛，学习中国传统文化精髓。

告诉你如何用稻盛哲学与王阳明心学解决工作、生活中的难题。

"稻盛哲学"的深度解读！日航重新上市的再生之道！

全方位地了解经营之圣稻盛先生的传奇人生经历和经营哲学。

扫码购买

稻盛和夫套装作品

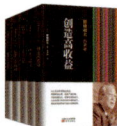

① 《活法全集》（优惠装）
② 《稻盛和夫的实学》
③ 《稻盛和夫的"活法"》

精选作品集（口袋版）：口袋随行 经典留心

口袋书系均为重点作者的代表作，更是深受读者喜爱的内容。用料考究，精心甄选高级皮革封面，典雅大气，长久如新。手掌大小，方便随时阅读，自己收藏、馈赠亲朋的佳品。

扫码购买

扫码购买

稻盛和夫、松下幸之助 助力解决人生与经营困惑的经典全集

写给全世界孩子的书

《与年轻人谈稻盛哲学》：让年轻员工与经营者共享稻盛哲学，实现高收益企业

《活法青少年版：你的梦想一定能实现》：稻盛和夫送给全世界青少年的一本书

《培育孩子的美好心灵》：《活法》亲子实践版。稻盛和夫教你引导孩子拥有正确思维方式。

《打动人心的100个经营智慧》

本书收录了100篇以日本经济界知名人士为主的访谈录，全面讲述了日本企业兴衰沉浮的历史。日本遭遇的两次经济危机给日本企业带来的痛苦教训以及从危机的泥潭中逐渐解脱出来的成功经验，对我国的企业很有参考和借鉴的价值。

《稻盛和夫经营哲学50条》

作者皆木和义作为盛和塾原东京负责人，结合自身经营企业的实践，形成50条干货满满的心得体会，帮助企业走出困境。你只要做到其中一条就成为了稻盛和夫。

你是否有过没能把自己想到的好创意传达给别人而懊悔的经历呢？或者因为产生了"明明是这么好的想法，为什么不明白呢"的想法，从而憎恨周围的人不理解自己呢？其实会产生这样的想法都源于"不理解自己是对方的错"的思维方式。

但是，无论怎么责怪对方，如果不能把自己的想法传达给对方，就无法使创意得以实施。因此，重要的是思考"如何才能让对方明白"。在沟通交流方面，既要有"量"，也要有"形式的改变"。某个企业的管理者在准备实施改革时，遭到了大多数人的反对。于是，他把员工分为少数几个人一组，对每一组员工进行耐心劝说，同时还为员工描绘出"如果改革成功，就会有这样的改变"，通过具象地描述坚持不懈地向员工进行说明。

无论自己的想法有多棒，大多数情况下都无法仅靠一次说明就能够让对方理解。在这种情况下，需要明白"这是因为自己的努力还不够"，并尝试改变方式进行多次沟通。交流沟通只有在对方理解之后才能得以成立。

WORDS
OF
PETER
DRUCKER

56

全员一致是危险信号

决策的第一原则是没有不同意见，
就不做决策。

谷歌前 CEO 埃里克·施密特认为在开会时需要警惕所有人对于某个提案一致赞成的情况。理由是，在会上没有异议的赞成者有可能在会议结束后说出"其实并不是很赞同"之类的话。

据德鲁克所说，使 GM 成长为全球最大级别汽车生产商的艾尔弗雷德·斯隆在全体意见一致时，总是推迟做决策。理由是，为了作出正确的决策，需要有不同的意见。只有存在意见的对立，才有可能①预防问题和风险；②找到代替方案；③激发大家的想象力。

重要的是要弄清楚为何大家的意见不同。通过谦虚地倾听不同意见，才能使自己的想法得到打磨精练。在做任何决策的时候，都要抱着"如果没有异议就说明忽视了异议"的想法。真正的全员一致才是付诸实施的必要条件。

缺乏诚实，其他就是空中楼阁

不可任命把头脑聪明看得比诚实更重要的人做管理者。

要想取得成功，什么才是最重要的呢？是卓越的学识，还是超群的行动力呢？确实学识和行动力都是大家期盼的才能，但是被誉为"世界第一投资家"的沃伦·巴菲特却这样说："成功最重要的是学识、精力和诚实。但是如果缺少了最后一点，则前两点毫无意义。"

　　在巴菲特所处的金融领域，有很多智商卓越的天才。但其中也不乏利用自己的高智商作出不正当行为的人。头脑聪明并且精力充沛的人如果只对自己的报酬抱有强烈的关心，那么必定会发生问题。巴菲特认为无法放心地把事情交给这样的人。

　　为了取得成功，学识和精力都是必要的，而比这些更重要的则是诚实正直。

　　德鲁克也是同样的看法，若要取得成果，头脑聪明确实很重要，但是如果缺乏对待工作的真挚和诚实，那么"作为人来说是不成熟的"，如果不能克服这种不成熟，就无法期待真正的成长和成果。

58

团队合作始于良性的争吵

如果没有成果，

那么温暖的对话和感情则毫无意义。

只不过是粉饰太平。

比起"严肃的职场",谁都喜欢在"温暖稳定的职场"中工作。但是后者有时会成为一个单纯的"好友俱乐部",因此要特别注意。

有人关于"团队合作"这样说:"团队合作并不只是单纯的友好协作,而是为了制造出更好的产品,大家提出自己的意见,并且进行争论。即使有时候可能会争吵,也要毫无顾忌地表达自己认为好的想法。通过这种方式决定出最好的方案,一旦作出决策后,就要齐心协力向前迈进。必须发挥出这样的团队合作功能。"

也就是说,只有经过意见的碰撞和积极的讨论这种"良性的争吵"才有可能产生真正的团队合作。就如德鲁克所言"如果没有成果,那么温暖的对话和感情就毫无意义",这就是商业的世界。

确实,无论对谁而言,温暖稳定的职场都是最理想的,为了在这样的职场中作出成果,就需要大家能够畅所欲言,虽然时而争吵却能够互相尊重,这样的工作环境才是必要的。

在既定环境中尽善尽美

雇佣关系是既定条件，
无法随意改变团队成员。

有句话叫"在既定的环境中奋斗"。

在工作中，人们经常会抱怨"如果公司的知名度再高一点就好了"，或者"如果能有更多的钱可以用就好了"等，但实际上，这些愿望大多数都是一种"得不到的愿望"，对于大多数人来说，真正需要考虑的是"如何在既定的条件下奋斗并取得成果"。

据德鲁克说，曾经有一位乐队指挥被委托重振交响乐团，而他被允许进行的人事调整仅仅为可以替换过于懒散的人和年龄太大的人。如何激发乐队的能力并把接手的乐队训练为最好的乐队，这正是乐队指挥的使命。

在商业领域也是如此，比如在就任新部门领导的管理者中，也许有人希望能够将部门员工全部替换掉，但是这样的愿望往往是不切实际的。

即便不是乐队指挥或管理者，对于大多数人来说"既定环境"都是无法轻易改变的，但是做法和干劲儿则能够由自己决定。

最重要的是在既定环境中做到"尽善尽美"。

60

团队不可缺乏信赖和理解

团队不可能在一夜之间建成。

团队是建立在相互信任、相互了解的基础

之上的。

在美国培育了多家创业公司的风险投资人说，与募集资金困难的时代相比，当今的创业公司已经发生了很大不同，他们缺乏的不再是资金而是"良好的团队"。

谷歌、Facebook 和亚马逊等企业的工作特征就是组成多个由少数人组成的团队，迅速地"思考、执行、失败之后再次挑战"，并不断地重复这样的循环。这些企业认为若要实现创新，就要尽可能多地推进大量的项目，而在这个过程中最不可缺少的核心就是"优秀的团队"。

但是，优秀的团队并不仅是靠聚集优秀人才，高喊"从今天开始做……"就能够成立的。比起杰出的人才，优秀的团队更不可缺少的是能够采取有风险的行动，能够互相信赖，把工作放心地交给对方等要素。如同德鲁克所说，团队之间的相互信赖和理解不可或缺，同时也要明白做到这一点需要花费一定的时间。

比起是否合得来，更应看重员工的贡献

有效的管理者从来不问："他能跟我合得来吗？"

应该问的是："他贡献了什么？"

"在判断某个君主是否贤明时，首先应该做的是看清他身边的人"，这是《君主论》中的话。

这本书的作者马基雅维利把唯命是从的人和只会拍马屁的人叫"服从者"，并且严厉地指出君主容易犯的错误之一就是"在宫廷中遍布服从者"。

无论是领导者还是部下都有各种各样的类型。既有"工作能力很强但是不好指挥的部下"，也有"工作能力不怎么样，但很容易使唤的部下"。既有喜欢后者只重用后者的领导，也有倾向于把工作交给前者的领导。

德鲁克认为，在人事安排方面容易犯的错误之一就是"不考虑谁能把工作漂亮地完成"，而是根据"自己喜欢谁"来安排工作。结果使组织成了人情的集中地，导致优秀人才离开或失去工作。

在人事方面，重要的是"不可依据自己的喜好，而应该根据谁能够做好工作来选择合适的人员"。

评价组织的标准并非成员之间的关系而是团队取得的成果。

警惕时间的浪费

文案工作减少的好处就是让员工更有时间来处理人际关系。

一家在首都圈开办了多家保育所的企业中，曾出现了保育员加班时间过长的问题。

　　即使企业管理者作出了"禁止加班"的规定之后，情况也没有得到改善。经调查发现，保育员提交给总公司的报告和面向家长制作的资料数量十分庞大，同时也发现保育园内的电脑数量非常少。

　　之后，该企业大幅减少了报告等资料的数量，并增加了电脑台数。在实施了这些措施后，保育员的加班时间减少了，并且可以用于与孩子们相处的时间也大幅增加。

　　虽然并不是说文案工作全都是浪费，但是过多的文案工作确实剥夺了与孩子们相处的时间或者与顾客交流的时间，以及本应该分配给生产现场的工作时间。

　　德鲁克曾说过："组织的领导者应该把时间用于有未来的知识工作者身上。"为了创造优秀的组织，领导者就必须花费时间发现员工的潜在能力，并使之发挥最大作用。

　　对于取得成果来说，思考"把时间用在何处才是最有效的"，也是非常重要的因素。

63

培养能够超越自己的部下

管理层不应该提拔害怕其手下强过自己的人。

管理者的使命之一当然是取得成果，除此之外还有一个使命就是培养优秀的接班人。尽管如此，但是在管理者中还是有这样的人：刻意疏远有可能威胁到自己地位的优秀人才，阻碍其晋升。

这样做虽然确保了自己的地位，保护了自己，但是对于企业而言，却造成了后继无人的危机。

本田宗一郎曾经向人事负责人提议："尝试一下只录取那些你觉得应付不来的人怎么样？"如果录取的员工都是面试官看中的学生，那么这些人无论如何努力，最多也只能达到面试官的水平。相反，如果觉得"这家伙我应付不来"，那么这个人的成长就有可能超出想象。这就是本田先生的人才观。

德鲁克说过："管理层不应该提拔害怕其手下强过自己的人，因为这是一种软弱的表现。"缺乏自信的上司往往喜欢把不如自己的人和顺从自己的人放在身边，但是这么做的结果，不仅无法使公司得到成长，还会降低公司的整体水平。

企业的发展离不开能够超越上司的部下。因此，必须录取和培养能够超越公司"框框"的部下。

警惕价值观的变化

要在组织中取得成果，

自己的价值观就必须与组织的价值观相融合。

一旦价值观发生改变，企业就会发生变化。比如，以"生产创新产品"为价值观的企业如果转变为重视销售额和利润的价值观，那么拥有这种价值观的员工就会增多，该企业就不会再生产创新产品。对于企业来说价值观就是如此重要。

德鲁克认为无论是员工还是组织都拥有价值观。如果两者之间的价值观不一致，那么就无法共存，结果就会导致员工无法愉快地工作，组织也无法取得成果。如果要从业绩优异、但价值观不同的员工和成绩一般、但价值观一致的员工中选择一个，德鲁克认为必须选择后者。

从员工的角度来说也是一样，德鲁克自己曾经在伦敦的投资银行工作。虽然他能够发挥自己的强项，工作顺风顺水，但是当他发现自己"比起金钱更重视对社会的贡献"的价值观与公司的价值观不符时，就毅然辞职。之后在回顾这段经历时，他说这是"正确的行动"。

无论对于人还是组织而言，价值观对于取得成果都是至关重要的。只有双方的价值观一致，才能形成良好的职场氛围，也才有可能取得成果。

65

比起"做大"，更应注重"做好"

企业并不需要追求越来越大，
但必须追求越来越好。

20世纪50年代后期，松下（原松下电器产业）的创始人松下幸之助曾被年轻的员工问道："您想把公司做到多大？"他这样回答："至于要做到多大，那要看我们的工作态度，然后由公司自己来决定。"

无论是企业还是个人都不能保证按照自己的意愿发展下去。松下先生认为，如果社会发现我们没有为社会作出贡献，就会不允许我们存在，相反只要为了社会不断努力工作，那么就有可能得到无限的发展。

当然，这并不是说不需要五年发展计划等规划。但是，如果把"销售额几百亿日元""销售量几百万台"等"对于规模的追求"放在首位的话，就有可能忘记最重要的"为客户制造更好的产品"的初衷。

为了避免这种情况，就应该把目标放在"提供更好的产品和服务"上，而规模只不过是结果。德鲁克认为这样的想法至关重要。

对于个人而言，追求的目标也应该是"更好"。对于"更好"地不断追求和积累才有可能带来成功。

第七章 | 对于创新的建议

66

为了期待的未来，从现在开始行动

未来不会因为你的期待而到来。

必须从现在开始作出决策、

付诸行动并承受风险。

无论是企业的经营者还是个人，都有过"希望有一天能变成这样"的愿望。谁都曾在年幼时描绘过各种各样的梦想蓝图。但是，这些梦想中绝大多数都并非仅靠等待就能实现的。

在只有大型计算机的时代，提出"个人电脑"的概念、并作为研究员加入乔布斯苹果公司的艾伦·凯有一句名言："预测未来最好的方法是创造未来"，也就是说在预测未来之后，不能静静等待未来如期而至，而应该用自己的双手亲自创造出那个自己所希望的未来。

事实也确实如此，苹果研发的"麦金塔"开创了个人电脑的时代。

德鲁克这样说："未来不会因为你的期待而到来。"那么，要想获得期待的未来，需要做什么呢？

那就是，从现在开始作出决策，付诸行动并承受风险。未来并不会因为"单纯地等待"而到来，我们需要通过自己的行动把它创造出来。

从自己做起，不断创新

优秀的创新型企业不要等待被竞争对手超越，
要从自身做起，不断自我超越。

有个词叫"创新困境"，是指创造了优秀的产品、掀起了市场变革的企业，由于过度执着于曾经带来成功的产品，未能及时进行技术改革，从而被其他企业夺走市场进而走向衰退的现象。

　　胶卷照相机时代的霸主柯达被数码相机的崛起逼上经营危机，这是尽人皆知的事例。

　　为了避免陷入创新困境，企业必须有意识地进行"自我超越"。以便携型数码音乐播放器 iPod 大获成功的苹果公司又开发了搭载音乐播放功能的 iPhone；以售卖纸质图书获得巨大发展的亚马逊又开发了电子书籍阅读器"Kindle"等，这些都是超越自我的经典案例。

　　在体育界亦是如此，前一年还十分活跃的选手在第二年就被彻底超越的事例也不少见。

　　为了能够取得持久的胜利，就不可以"与去年一样"，必须以超过对手的速度不断创新。

　　在商业界也是如此，成功总是令人喜悦的，但是"不重复相同的成功"也至关重要。

WORDS
OF
PETER
DRUCKER

68

成功离不开热情

若想在将来有所作为，
就需要有勇气、努力和信念。

乔布斯生前经常会接待一些到访的年轻人，他们大部分都抱有创业的梦想。

对于这些年轻人，乔布斯首先会询问他们"为何想创业""有什么创意"，对于没有什么特别想法的年轻人，乔布斯则会告诫他们"在你找到能够为之倾注热情的想法之前，不如去做洗盘子的工作"。理由是"如果没有足够的热情将无法在创业之路上生存下去"。

这并不仅限于创业，对于任何事情来说都是如此。当为了实现某个想法而采取行动之后，如果没有"无论如何都要做下去"的热情，那么一旦遇到一点失败或挫折就会很快放弃。

在某企业，一位员工提出了一个工作创意，但是却遭到了周围人的反对。对于这个员工，公司的创始人虽然建议他"好好听听大家的声音"，但还是通过了他的提议。理由是，尽管受到大家的反对，但这个员工依然保有"想做"的热情和行动力。

挑战总是伴随着风险，而能够帮助人们克服这些风险的，只有德鲁克所说的"对于目标的全身心投入和信念"。

要问自己而不是用户

真正的新事物，是无法调研的。

乔布斯曾说过："用户不会告诉我们要进行怎样的变革。"

确实，像麦金塔那样的创新性产品不会因为向没有接触过个人电脑的人询问"你想要什么样的电脑"而诞生。

全新的产品在问世之前，能够依靠的只有来自自己的"这会成为伟大的产品"的信念。

德鲁克也曾说过："真正的新事物，是无法调研的。"但是这并不意味着可以无视用户的声音。

本田宗一郎认为"大众并非制造者而是批评家"，他们拥有准确判断新产品好坏的能力，还能提出"希望能够作出这样的改进"等有益于改进的建议，有时甚至能够发现生产商不曾预料到的新用法。企业要不被市场调查左右，但要重视群众的声音，不断生产出新产品。

不惜对未来投资

变革领导者需要两种预算：
一种是现有事业所需的预算，
另一种是未来所需的预算。

经常被人们提及的谷歌工作方式之一就是"20% 规则"。即工程师可以花费 20% 的工作时间用于自己有热情、想尝试的创意。

也就是说 80% 的时间用于"现在的成果",剩下 20% 的时间用于"未来的成果"。在这 20% 的时间里产生出的许多创意成就了今日谷歌的成功。

德鲁克也认为事业的预算中需要包含"为了现有事业的预算"和"为了未来的预算"。前者可以根据经济情况进行调整,但后者则无关经济形势,需要占总预算的 10%~20%。只有从长期视角进行规划,才能在将来创造出更大的成果。

比如,企业有时会进行"一刀切裁员",但是,如果能够在这种时候保存一定的实力用于将来,这就是"为了未来的预算"。

大多数的个人和企业都将全部精力用于维持现状,但是若想创造出自己期望的未来,就需要分出一些时间和资金用于投资未来。

从小规模尝试开始，以小谋大

任何改进的事物或新事物首先都需要进行小规模的试验。

在尝试改革时，有的人希望进行大胆的改革。但是德鲁克认为："所有的改革都需要进行小规模试验。"

比如在 IT 领域，新产品上市前一般会通过"Beta 测试"来验证软件产品的性能。邀请有限的用户使用产品，并解决使用过程中发现的问题，使新产品以更加完美的状态发售。

丰田的生产方式也是如此，在进行大范围创新前，把五条生产线中的其中一条作为"样品生产线"尝试新的生产方式，在彻底改善问题点之后再把新方法全面应用于其他生产线。

如果一开始就投入资金进行大范围的改革，那么在发生问题时就会产生"已经投入了那么多资金，事到如今无法回头"的想法。因此，在最初"不要投入过多资金，从小规模开始做起"也是使创新成功的方法之一。对于个人来说也应当如此，当产生一些想法时要首先开展小规模的尝试。这样即使发现了什么问题也能很快找出解决方法，最终由小及大收获飞跃性的成果。

WORDS
OF
PETER
DRUCKER

72

保持远大的目标

要想使创新成功，

必须从一开始就瞄准第一的宝座。

德鲁克认为："创新最好能从小规模开始。"过大规模的尝试需要投入大量的人力、时间和资金，失败的风险也会很大，发生问题时也难以及时应对。但是如果能从小规模的尝试做起，那么风险就会大大降低，也能够更加迅速地应对机会的到来。

但是，虽说要"从小规模做起"，但并非要"永远保持小规模"。德鲁克建议，即使开始时规模很小，也要"从最初就瞄准第一的宝座"。

软银集团的领导人孙正义在大学毕业后创立了软银的前身 Unison World，并考察了四十多个行业，进行了缜密的比较探讨，理由是这是在选择自己要投身一生的事业。他从一开始就下定决心"总有一天要使公司成为数兆日元规模的企业"。

能够取得怎样的发展取决于最初设定的目标。某竞技体育教练曾经说过："虽然以金牌为目标的人有可能取得铜牌，但是以铜牌为目标的人绝不可能获得金牌。"

第八章

给领导者的建议

言行一致是成为领导者的前提条件

领导者的行为与其声称的信念必须一致。

有句话叫"知行合一"。"知道"和"行动"二者互为一体，"知道"必须伴随着"行动"。这样的思想深深影响着活跃在幕府末期的吉田松阴和西乡隆盛。

　　正如把"知道的事情"付诸实践并不容易一样，把"说出口的事情"真正做到也很难。但是对于站在领导立场的领导者来说"必须使对外宣称的信念和实际行动保持一致，至少不可以有矛盾之处"，这是德鲁克的教导。

　　有句话叫："部下能够在三日之内看透上司。"虽然上司要想充分了解新部下的性格和能力等需要花费较长的时间，但是部下可以在很短的时间内看出上司是否是值得信赖且适合共事的人。

　　领导者必须"言行一致"。这并非说部下"要对领导者所说的所有话都点头称是"，而是要让部下相信领导者所说的话是"真心实意"的。而这种信任需要通过领导者"言语"和"行动"的一致来培养。

74

不追求利润，利润会随之而来

利润是作为结果出现的，
并不是一开始就需要考虑的事。

在这 20 年左右的时间内收获了成功的企业中，特别是 IT 企业，其特征之一就是"比起利润更重视企业成长"。对于企业来说，利润确实是不可缺少的重要因素，这是因为只有产生了利润才能够进行之后的投资。但是，对于 IT 企业来说，有时必须优先考虑通过成长扩大市场份额，哪怕出现赤字也要优先成长。

贝佐斯认为："利润是企业的血液，但并非企业的存在理由。"与贝佐斯的想法稍有不同，松下幸之助的口头禅是："比起赚钱，更愿意思考如何让大家都开心。"松下先生认为挣钱只要顺其自然就好了，而为了能够顺其自然地挣钱，就需要"在工作时，时刻想着客户喜悦的笑脸"。

德鲁克认为，虽然不需要对金钱完全无感，但是带着贪欲追求利润是错误的态度。仅仅追求利润的企业常常会陷入悲惨的困境，而相反如果能够具有"为了顾客"的使命感，那么企业就能够变得越来越强大。

75

先做好自己能做到的事

有能力的人在询问"其他人要做什么工作"之前，会先自问"自己能够做到什么"。

当团队一起从事某项工作时，不可能所有的成员都是有能之人。看到没有按照自己的期待工作的人时，作为领导或者团队一员的你是否曾抱怨过"唉，那些人如果能再认真努力一点，就能作出更好的成绩了"呢？

确实，无论什么样的组织，如果所有人都有才能，都能够按照自己的期待工作的话，那是最理想的。但是，现实并非如此。那么在这种情况下，"有能之人"会怎么做呢？德鲁克说："有能力的人在询问'其他人必须做什么样的工作'之前，会先自问'自己能够做什么'。"

有句话叫"无法改变昨天和他人，但是可以改变明天和自己"。与其为了无法改变的人花费口舌，不如先问问自己能够做什么，应该做什么。首先自己行动起来，并相信自己的行动能够影响周围的人，进而随之改变周围的环境。

76

目标只有一个，但实现的方式可以有很多

决策是一种判断，

是若干项方案中的选择。

如同在登山时通常有多个登山路径一样，实现某个目标的方法也可以有很多种。这是丰田的思考方式。

　　据说有一天，一位年轻的丰田员工想到一个非常棒的解决问题的办法。于是他把这个想法的细节制作成行动计划书提交给上司。没想到上司非但没有表扬他，还向他提出了以下问题："你在决定采用这个方法之前，还想到了几种方法？你从这些方法中选出这个方法的理由是什么？"

　　我们在想到某个非常棒的主意时，常常会沉迷于自我满足，而忘记"比较探讨"。

　　但是德鲁克认为，决策是一种判断，是若干项方案中的选择，并从各个角度对这些方案进行比较探讨，只有这样才能发现各自的优点和问题点，获得正确的洞察力。

　　明明实现目标的方式有很多，但如果仅凭一个想法就开始行动，之后才发现其实还有成本更小、更简单的方法时，就不免会陷入慌乱。

77

要有被讨厌的勇气

做决策和做判断一样都需要勇气。

一般来说，有效决策是艰难的。

某位创业者从年轻时开始就保持着"再多思考五分钟"的习惯。他在做重要决断时，不会即兴地作出决策，而总是再多考虑五分钟。

　　这并非是在犹豫，而是通过自问自答"这么做真的正确吗？""有没有遗漏之处？"的方式进行再次推敲。直到自己确定没有问题了，才果断实施。这正是这位创业者在做决断时的做法。

　　德鲁克认为，准备好做决策之时正是"决策会不知去向"之时。这是因为，做完决策后，你会发现，周围人对这个决策并不满意，评价似乎也并不好，所以做决策并非易事。

　　改革往往伴随着痛苦和反对的声音。通常赞成的声音最多两成，剩下的都是反对意见和观望态度。因此，在做决策并执行时要做好不顾反对坚持到底的思想觉悟。

　　德鲁克说："正因为有效决策很难，所以不要因害怕被讨厌而再进行一遍重复的调查。"这种没有决策力的人只会浪费有能力之人的时间，所以做决策需要勇气。

努力大于天赋

我们需要的并非天赋而是勤奋，
并非聪明才智而是问题意识。

对于陷入困境的企业来说，要想摆脱困境，也许找到像乔布斯那样的天才是最理想的。但是，现实中并没有那么多天才。

德鲁克认为，"虽不是天才但很勤奋，比起聪明才智更具有问题意识"的人才是值得期待的。

沃伦·巴菲特喜欢的人才并非取得了 MBA 的头脑聪明之人，而是"对工作充满热情的人"。

曾经，巴菲特收购了一家销售平价女装的连锁店，并把店铺的经营委托给一位充满热情的经营者。这位经营者在厕所里贴上各店铺的销售额，上厕所的时候也不忘比较这些数据。甚至在派对上听到竞争对手提到卫生纸的进价，就会马上赶回店里去看厕所里的销售额。

正是因为有了这样的经营者，才能在 20 年间收获了卓越的成果，没有辜负巴菲特对他的期望。

要想取得成果，需要的"并非天才而是勤奋，并非聪明才智而是问题意识"。只有这种看起来外表平凡的人，才有可能作出非凡的成就。

不拘泥于"正确性"，
否则会导致判断失误

企业应该对管理者的判断力支付报酬，
而不是对无过错支付报酬。

日本的官僚组织和大企业有时会无意识地将"无误性原则"当作前提。意思是,"对某个项目的成功负有责任的当事者,禁止思考或讨论项目失败的情况"。

也就是说,负责人只考虑成功,而不可以考虑"如果进展不顺时该怎么办"。

丰臣秀吉在发兵朝鲜时,作为领袖的石田三成在军事会议上提出了进兵汉城的计划。对于这个计划,小早川隆景提出石田三成的计划只预想了"打胜仗"的情况,但是如果不考虑"打败仗"的情况就有可能导致严重的后果。石田三成听后深以为是,于是下令在各地准备战败时的退守之所,才得以在最终战败的情况下安全撤退。

无论谁都会对自己的计划或判断带有自信,认为"绝对能够进展顺利"。但是,计划总是伴随着风险,领导者需要具备的并非对于"正确性"的自信,而是能够提前设想出现错误或失败的情况下该如何应对,并在接受失误之后作出"正确的判断"。

用自己的眼睛确认结果

决策者只有亲自到工作现场进行检验后，
才是唯一可信赖的反馈。

在某部电影中有这样一个场景：在警队突袭犯人藏身的山庄之际，警队负责人向部下作出了"切断电线"的指示。

然而，突袭时间临近，但电线依然完好无损。大为惊讶的负责人责问部下："不是让你切断电线吗？"得到的回复却是："我明明已经告诉电工去切断电线了。"

部下虽然告诉了电工要切断电线，但是并没有向电工确认是否已经切断。负责人虽然对部下作出了"切断电线"的指示，但也没有询问部下"切断了没有"，并且也没有亲自去确认。

德鲁克认为，在军队里下达命令的将军不可依赖于接受命令的部下作出的报告，而应该亲自去确认，或者让副官去确认命令是否已经被执行。因为命令会被直接执行的情况很少，所以命令的执行必须伴随着"确认"。这虽然是军队的做法，但是德鲁克也十分赞同。

无论多小的工作，只要委托给了他人，下达了命令，就必须亲眼确认其结果。这也是工作的理论之一。要牢记在把工作交给别人，但是却没有被完成的情况下，责任不在于被委托的人，而是在于委托人自己。

参考文献一览

1.《德鲁克名著集1 管理者的条件》

［美］彼得·德鲁克，上田惇生译，钻石社

2.《德鲁克名著集5 创新与企业家精神》

［美］彼得·德鲁克，上田惇生译，钻石社

3.《德鲁克 合格的管理者》

［美］彼得·德鲁克，日本事务能率协会编，日本经营出版会

4.《管理学（精华版）》

［美］彼得·德鲁克，上田惇生译，钻石社

5.《德鲁克选书2 卓有成效的管理者》

［美］彼得·德鲁克，上田惇生译，钻石社

6.《下一个社会的管理》

[美]彼得·德鲁克，上田惇生译，钻石社

7.《成为专业人士的条件》

[美]彼得·德鲁克，上田惇生译，钻石社

8.《改革领袖的条件》

[美]彼得·德鲁克，上田惇生译，钻石社

9.《革新者的条件》

[美]彼得·德鲁克，上田惇生译，钻石社

10.《实践管理》

[美]彼得·德鲁克，上田惇生译，钻石社

11.《支配明日》

[美]彼得·德鲁克，上田惇生译，钻石社

12.《一分钟读懂德鲁克》

[日]西村克己，SB Creative

附录　德鲁克箴言

序号	箴言
1	为逃避更重要的工作，我们常在无聊的工作上浪费时间。
2	在组织中会议有可能成为逃避工作的手段。
3	如果没有计划，就只能一切听天由命。在计划实施的过程中如果疏于检查确认，就无法分辨有意义和无意义的事。
4	人总是在决定了优先做的工作后又开始迷茫，结果什么都做不好。
5	创新的想法就像青蛙卵一样，成千上万个中，仅有一两个能撑到成熟。
6	有效的管理者知道，时间是一项限制因素。

序号	箴言
7	在我们所做的事情中，有许多即使不做也不会有困扰的事。
8	管理者的工作计划，通常都只是纸上谈兵，或只是良好的愿望，很少能够真正实现。
9	如果不自己采取行动改变现状，就会一直忙于日常琐事。
10	不能把失败归咎于部下的无能或偶然状况。其实，失败是系统存在缺陷的征兆。
11	没有取得成果的人总是低估了成就一件事业需要的时间。
12	若想有所作为，就必须发挥"上司的优势"。
13	不要混淆脂肪和肌肉的界限，也不要把工作繁忙和创造成果当成一回事儿。无法创造出成果的活动只会浪费财富。
14	当报告和程序被误用时，就不再是管理工具，而变成了累赘。
15	当生产效率无法提高时，应当问一问："目的是什么？要实现什么？为何这么做？"
16	与其抱怨别人不让自己做，不如将能做的事一件一件地做好。
17	我经常会被问道"你的著作中哪一本最好"，我总是诚心诚意地回答："下一部作品。"

序号	箴言
18	如果不选择挑战困难，而是选择看似容易成功的道路，就无法取得重大的成果。
19	越是优秀的人，犯过的错误就越多。这是因为他们愿意挑战新鲜事物。
20	人获得报酬，不是要去做他们自己喜欢的事，而是要去做好那些正确的事。
21	要做好事情，首先要对自己有深刻的认识，清楚自己的优点和缺点。
22	成功都要靠优势，靠劣势什么事也做不成。
23	即使没有人会看见，也要追求完美。
24	了解自己擅长的工作方式与了解自己的优势同样重要。
25	挑战新工作时，需要的并不是才能而是勇气。
26	知识劳动者必须敢于做决策。
27	为何 10 年或 15 年后，曾经有才能的人会突然沦落为平庸之人？
28	要做到少说多听。
29	大部分人不具备独自取得成果所需的所有能力。
30	集结了优秀独奏者的管弦乐队并非最棒的管弦乐队。

序号	箴言
31	管理者是采取行动的人，是实际做事的人。
32	无论任何组织都无法找到大量的优秀人才，组织的目标应该是让平凡的人做不平凡的事。
33	头脑聪明的人，特别是大部分年轻人都不明白良好的待人方式能够成为事业的润滑剂。
34	取得成果的第一秘诀就是了解自己的工作伙伴，活用他们的优势、工作方式和价值观。
35	出生率的剧增与剧减，在 15 年后甚至 20 年后会给劳动人口的多少带来很大影响。
36	没有人能赶上变化，唯有走在变化之前。
37	必须从今天开始培养明天的管理者。
38	重大变化的最初征兆极少表现在组织内部或组织自己的顾客群身上，它们几乎总是首先表现在非顾客群体上。
39	在时代风潮中，所有的公司都有可能永久地成长。
40	成功往往会使取得成功的行为变得过时。
41	有效管理者把变化视为机会而非威胁。
42	如果不舍弃昨天，就无法创造明天。

序号	箴言
43	思考"我们的事业是什么，我们的事业将会是什么，我们的事业应该是什么"，这并非是为了获取知识，而是为了付诸行动。
44	如果不能亲自走出去，不把到现场看一看当作理所应当的事，就看不到真相。
45	要想获取外界的信息，就必须亲自成为顾客、销售和患者。
46	虽然人们知道如何获取数据，但却不知道应该如何使用数据。
47	企业必须为成长做好准备。如果企业没有做好准备，机会就会转而去敲别人的门。
48	少年时期和青年时期学习的知识对于之后的人生来说，只不过是离开那里的跳板。
49	无法提前知晓谁是杰出的工作者，因为最不可靠的就是学校的成绩。
50	我们不再指望到我们 60 岁时，我们 30 岁时就职的公司仍然存在。
51	一次只集中精力学习一件事，这是我自己的学习方法。直到现在我也一直坚持这个方法。
52	知识工作者在教别人的时候最能得到学习。
53	教育无法提供经验和智慧。

序号	箴言
54	我们应该感谢自己、伙伴和我们周围的小优势。
55	有效沟通的关键是信息的接收者。
56	决策的第一原则是没有不同意见，就不做决策。
57	不可任命把头脑聪明看得比诚实更重要的人做管理者。
58	如果没有成果，那么温暖的对话和感情则毫无意义。只不过是粉饰太平。
59	雇佣关系是既定条件，无法随意改变团队成员。
60	团队不可能在一夜之间建成。团队是建立在相互信任、相互了解的基础之上的。
61	有效的管理者从来不问："他能跟我合得来吗？"应该问的是："他贡献了什么？"
62	文案工作减少的好处就是让员工更有时间来处理人际关系。
63	管理层不应该提拔害怕其手下强过自己的人。
64	要在组织中取得成果，自己的价值观就必须与组织的价值观相融合。
65	企业并不需要追求越来越大，但必须追求越来越好。
66	未来不会因为你的期待而到来。必须从现在开始作出决策、付诸行动并承受风险。

序号	箴言
67	优秀的创新型企业不要等待被竞争对手超越，要从自身做起，不断自我超越。
68	若想在将来有所作为，就需要有勇气、努力和信念。
69	真正的新事物，是无法调研的。
70	变革领导者需要两种预算：一种是现有事业所需的预算，另一种是未来所需的预算。
71	任何改进的事物或新事物首先都需要进行小规模的试验。
72	要想使创新成功，必须从一开始就瞄准第一的宝座。
73	领导者的行为与其声称的信念必须一致。
74	利润是作为结果出现的，并不是一开始就需要考虑的事。
75	有能力的人在询问"其他人要做什么工作"之前，会先自问"自己能够做到什么"。
76	决策是一种判断，是若干项方案中的选择。
77	做决策和做判断一样都需要勇气。一般来说，有效决策是艰难的。
78	我们需要的并非天赋而是勤奋，并非聪明才智而是问题意识。

序号	箴言
79	企业应该对管理者的判断力支付报酬，而不是对无过错支付报酬。
80	决策者只有亲自到工作现场进行检验后，才是唯一可信赖的反馈。

精进笔记

精进笔记